Schätzer-Anweisung

Bekanntmachung der Kgl. Staatsministerien der Justiz und des Innern vom 14. Juli 1909, die Anweisung für die amtliche Feststellung des Wertes von Grundstücken betreffend

Erläutert von

Karl Dietz

Kgl. Amtsrichter in München

1914

München, Berlin und Leipzig

J. Schweitzer Verlag (Arthur Sellier).

Druck von Dr. F. P. Datterer & Cie. (Inh. Arthur Sellier) München und Freising.

Vorwort.

Wenn auch die Schätzeranweisung die Grundsätze, nach denen der Wert der Grundstücke festzustellen ist, in klarer und verständlicher Weise bestimmt, so werden im Schätzungsverfahren Richter, Notar und Schätzer doch vor Fragen gestellt, die für eine genaue und richtige Ermittlung des Wertes der Grundstücke von größter Bedeutung, die aber nicht immer leicht zu beantworten sind. Neben den Grundsätzen über das Schätzungsverfahren enthält die Schätzeranweisung Bestimmungen über die Ernennung und Beeidigung der Schätzer sowie über die nichtamtlichen und die sonstigen Schätzungen. Auch bei der Auslegung dieser Bestimmungen ergeben sich in der Praxis öfters Zweifel, so daß es sich wohl lohnte, die Vorschriften kurz zu erläutern.

Ich darf daher annehmen, daß ein Bedürfnis nach einer Handausgabe zur Schätzeranweisung besteht, und wünsche und hoffe, daß die vorliegende Bearbeitung dem Richter und Notar, soweit sie bei Schätzungen mitzuwirken haben, insbesondere aber dem Schätzer gute Dienste leistet. Einige Musterformulare wurden der Ausgabe beigefügt.

München 1914.

Der Verfasser.

Inhaltsverzeichnis.

Abkürzungen.

AbmG. = Abmarkungsgesetz vom 30. Juni 1900.
Achilles = Achilles, Kommentar z. BGB. 6. Auflage.
AG. BGB. = Ausführungsgesetz zum Bürgerlichen Gesetzbuch.
AG. GBO. = Ausführungsgesetz zur Grundbuchordnung und zu dem Gesetz über die Zwangsversteigerung und Zwangsverwaltung.
AG. GVG. = Ausführungsgesetz zum Gerichtsverfassungsgesetz.
BayObLGZ. = Entscheidungen des bayerischen obersten Landesgerichts in Zivilsachen rc.
BG. = Beamtengesetz vom 16 August 1908.
BGB. = Bürgerliches Gesetzbuch.
BVG. = Brandversicherungsgesetz vom 3. April 1875.
DAnw. = Dienstanweisung für die Grundbuchämter.
EG. BGB. = Einführungsgesetz zum Bürgerlichen Gesetzbuch.
FGG. = Gesetz über die Angelegenheiten der freiwilligen Gerichtsbarkeit.
Fischer-Henle = Fischer-Henle, Kommentar z. BGB. 9. Aufl.
G. = Gesetz.
Gaupp-Stein = Gaupp-Stein, Kommentar z. ZPO. 10. Aufl.
GBO. = Grundbuchordnung.
GEF. = Grundentlastungsfortsetzung. Ges. v. 2. Februar 1898.
GebG. = Gebührengesetz auf Grund der Fassung vom 13. Juli 1910.
GemO. = Gemeindeordnung (rechtsrh.).
GKG. = Gerichtskostengesetz.
GVBl. = Gesetz- und Verordnungs-Blatt.
GVG. = Gerichtsverfassungsgesetz.
HGB. = Handelsgesetzbuch.
Henle-Dandl = Henle-Dandl, Anlegung des Grundbuchs. 2. Aufl.
Henle-Schneider = Henle-Schneider, Kommentar z. AG. BGB. 2. Aufl.
Henle-Schmitt = Henle-Schmitt, Das Grundbuchwesen.
HypBankG. = Hypothekenbankgesetz vom 13. Juli 1899.
HypG. = Hypothekengesetz.
JMB. = Justizministerialbekanntmachung.
JMBl. = Justizministerialblatt.
JME. = Justizministerialentschließung.
Instr. = Instruktion vom 13. März 1823 über den Vollzug des HypG. vom 1. Juni 1822.
Kahr = Kahr, Kommentar zur Gemeindeordnung.
Keidel = Keidel, Kommentar zum Gesetz über die Angelegenheiten der freiwilligen Gerichtsbarkeit. 2. Aufl.
Kleiner Staudinger = Staudinger, Kommentar z. BGB., Handausgabe.
Meikel = Meikel, Kommentar zur Grundbuchordnung. -2. Aufl.
NotG. = Notariatsgesetz vom 9. Juni 1899.

NotGebO. = K. Allerhöchste Verordnung vom 28. Dezember 1899, die Notariatsgebührenordnung betr.
NotGeschO. = Geschäftsordnung für die Notariate vom 30. Oktober 1913.
ObLG. = Oberstes Landesgericht.
Pfaff-Reisenegger-Schmidt = Pfaff-Reisenegger-Schmidt, Kommentar z. GebG. 7. Aufl.
Planck = Planck, Kommentar z. BGB. 3. Aufl.
RGZ. = Entscheidungen des Reichsgerichts in Zivilsachen.
SchA. = Schätzeranweisung (Bekanntmachung vom 14. Juli 1909).
Schätzerinstr. = Instruktion für die Schätzungen und Schätzmänner in Hypothekensachen vom 13. März 1823.
StAG. = Staatsangehörigkeitsgesetz vom 22. Juli 1913.
Staudinger = Staudinger, Kommentar z. BGB. 7/8. Aufl.
Steiner = Steiner, Kommentar zum ZVG.
StGB. = Strafgesetzbuch.
StPO. = Strafprozeßordnung.
ÜG. = Übergangsvorschriften z. BGB.
VGHG. = Verwaltungsgerichtshof-Gesetz vom 8. August 1878.
ZGebO. = Gebührenordnung für Zeugen und Sachverständige vom 30. Juni 1878 in der Fassung der Bekanntmachung vom 20. Mai 1898.
ZVG. = Zwangsversteigerungsgesetz.
ZPO. = Zivilprozeßordnung.

Einleitung.

I. Die Bekanntmachung der K. Staatsministerien der Justiz und des Innern vom 14. Juli 1909, die Anweisung für die amtliche Feststellung des Wertes von Grundstücken betreffend, trat am 1. Oktober 1909 in Kraft. Die entgegenstehenden Vorschriften wurden aufgehoben (§ 31 I SchA.). Mit diesem Zeitpunkt trat also die in den Landesteilen rechts des Rheins geltende Instruktion für die Schätzungen und Schätzmänner in Hypothekensachen vom 13. März 1823 außer Kraft.

Die Schätzerinstruktion vom 13. März 1823 beruhte auf der Vorschrift des § 132 HypG. Hienach war der Grundstückswert „nach einer von dem Eigentümer veranlaßten gerichtlichen Schätzung verpflichteter Sachverständiger zu bestimmen". Es hatte demnach der Eigentümer die Schätzung des Grundstücks zu beantragen. Die Schätzung selbst nahmen verpflichtete Sachverständige (Hypothekenschätzer) unter Leitung des Gerichts und zwar des Hypothekenamtes vor. Nach der JME. vom 10. Oktober 1862 (JMBl. 1863 Ergänzungsheft S. 40) erschien es jedoch auch statthaft, daß die Notare auf Antrag der Beteiligten, selbst ohne vorher von den Hypothekenämtern beauftragt zu sein, die Schätzungsgutachten der verpflichteten Hypothekenschätzer verlautbarten. Die Schätzungen konnten also nicht nur unter Leitung des Hypothekenamts, sondern auch des Notars stattfinden. In beiden Fällen handelte es sich um eine sog. amtliche Feststellung des Grundstückswerts.

Als amtliche Schätzung im Sinne des § 132 HypG. galt demnach eine unter der Leitung und Mitwirkung des Hypothekenamts oder Notars und unter Einhaltung der Bestimmungen der Schätzer-Instruktion zustande gekommene Schätzung der gerichtlich verpflichteten Schätzmänner. Diese amtlichen Schätzungen hatten den Zweck, den Grundstückseigentümern die Aufnahme von Hypothekkapitalien zu erleichtern. Unterschieden wurde nach § 132 HypG., ob auf gesetzlichem Titel beruhende Hypotheken eingetragen oder ob Hypotheken bloß durch erklärten Privatwillen bestellt wurden (§§ 12 und 13 HypG.). Im ersten Falle war der Wert auf Verlangen des Gläubigers in allen Fällen auszumitteln und im Hypothekenbuche einzutragen. Letztenfalls war es nur dann nötig, wenn es der Schuldner selbst verlangte, oder wenn es der Gläubiger begehrte und der Schuldner sich darüber erklärt und eingewilligt hatte (§ 14 Instr. und § 12 Schätzerinstr.). Die Schätzungssumme wurde in der ersten Rubrik bzw. im Titel des Hypothekenbuchblattes eingetragen (§§ 12 ff. Instr., §§ 130 ff. HypG., Beilagen: Muster von Eintragungen in das Hypothekenprotokoll und in das Hypothekenbuch und JMB. vom 12. November 1898 § 12 Abs. III c, JMBl. 1898 S. 650).

II. Durch das gleichzeitig mit dem BGB. am 1. Januar 1900 in Kraft tretende Ausführungsgesetz zum Bürgerlichen Gesetzbuch (Art. 87 AG. BGB.) trat in dem bisherigen Rechtszustande eine Änderung nicht ein.

Nach Art. 87 AG. BGB., der in Art. 79 EG. BGB. seine Grundlage hat (s. Staudinger und Planck EG. BGB. Art. 79) kann der Eigentümer eines Grundstücks den Wert des Grundstücks mit Rücksicht auf die Sicherung von Hypotheken, Grundschulden oder Rentenschulden durch Sachverständige amtlich feststellen lassen. Für die Ernennung, Beeidigung und Vernehmung der Sachverständigen ist das Amtsgericht zuständig, in dessen Bezirk das Grundstück liegt. Die Vernehmung kann auch durch einen Notar erfolgen.

Art. 87 AG. BGB. brachte nur insoweit eine Neuerung, als er die Einrichtung der Schätzmänner auch auf die Pfalz erstreckte. Hier pflegten insbesondere die Gemeinden und Stiftungen bei der Ausleihung von Kapitalien die Steuerverteiler zur Schätzung zu benutzen. Die Verwendung anderer Sachverständiger war aber nicht ausgeschlossen (Ges. v. 3. Frim. VII Tit. II, welches übrigens durch Art. 1 AG. BGB. nicht beseitigt wurde, da es zu den Vorschriften des öffentlichen Rechts gehört.) Auf Grund des Vorbehalts des Art. 87 Abs. II AG. BGB. wurden durch die Bekanntmachung vom 14. Juli

1909 die Grundsätze bestimmt, nach denen der Wert der Grundstücke nunmehr festzustellen ist. Außerdem wurde das bei der Feststellung zu beobachtende Verfahren geregelt. An die Stelle der alten aufgehobenen Schätzerinstruktion vom 13. März 1823 trat also die neue Schätzeranweisung vom 14. Juli 1909.

Die Schätzeranweisung unterscheidet zwischen amtlichen, nichtamtlichen und sonstigen Schätzungen. Die Vorschriften über die amtliche Feststellung des Wertes von Grundstücken erörtern zunächst die Ernennung und Beeidigung der Schätzer, sodann das Schätzungsverfahren und die Gebühren.

A. Ernennung und Beeidigung der Schätzer.

Die Tätigkeit der Amtsgerichte bei der Aufstellung von Schätzern (§§ 1—11 SchA.) ist eine Offizialtätigkeit und gehört in das Bereich der Justizverwaltung. Daraus folgt, daß Beteiligte zwar die Ernennung und Beeidigung von Schätzern anregen können, daß ihnen aber ein eigentliches Antrags- und Beschwerderecht nicht zusteht. Falls ihren Anregungen keine Folge gegeben wird, steht ihnen das Recht zu, die Anordnung bei der vorgesetzten Dienstaufsichtsstelle anzuregen. (Henle-Schneider AG. BGB. zu Art. 167 Anm. 6.)

Die Zuständigkeit der Amtsgerichte zur Ernennung und Beeidigung der Schätzer ergibt sich aus Art. 15a AG. GVG. in der Fassung des Art. 167 II AG. BGB. in Verbindung mit Art. 87 AG. BGB. Darnach können die Amtsgerichte für bestimmte Arten von Gutachten, soweit nicht besondere Vorschriften maßgebend sind, Sachverständige öffentlich bestellen und im allgemeinen beeidigen. Nach Art. 87 AG. BGB. ist für die Ernennung und Beeidigung das Amtsgericht zuständig, in dessen Bezirk das Grundstück liegt. Wenn auch § 1 I SchA. sagt: „Zur amtlichen Feststellung des Wertes von Grundstücken haben die Amtsgerichte Sachverständige (Schätzer) zu ernennen und zu beeidigen", so ergibt sich hieraus nicht die Zuständigkeit der Amtsgerichte, da nur Gesetze Bestimmungen über Gerichtsbarkeit und Zuständigkeit der Gerichte erlassen können. Übrigens soll § 1 I SchA. auch keine Zuständigkeitsvorschrift in diesem Sinne sein, sondern § 1 bestimmt nur, welcher Richter des Amtsgerichts für die Bestellung, Beeidigung und Durchführung des Schätzungsverfahrens zuständig sein soll. Zuständig soll der Grundbuchbeamte sein, unter mehreren der Dienstälteste.

B. Schätzungsverfahren.

Die Tätigkeit der Amtsgerichte bei den amtlichen Schätzungen (§§ 12—27 SchA.) ist keine Angelegenheit der Justizverwaltung wie die Ernennung und Beeidigung der Schätzer, sie ist eine Angelegenheit der freiwilligen Gerichtsbarkeit. Die Zuständigkeit der Amtsgerichte zur Mitwirkung bei den Schätzungen ergibt sich aber nicht etwa aus der Bestimmung des § 164 FGG., da diese nur für die Fälle gilt, in denen kraft reichsrechtlicher Vorschrift die Feststellung des Zustandes oder Wertes einer Sache durch Sachverständige verlangt werden kann (s. Keidel FGG. § 164 Anm. 1). Vielmehr ergibt sich die Zuständigkeit der Amtsgerichte aus Art. 87 AG. BGB. Die Angelegenheit ist also den Amtsgerichten nicht durch Reichsgesetz, sondern durch Landesgesetz übertragen. Es sind daher in erster Linie die landesgesetzlichen Vorschriften (Art. 87, 88 AG. BGB. und SchA.) maßgebend. Daneben finden aber auch die Vorschriften der §§ 2—27, 29—34 und des § 199 II FGG. Anwendung (Art. 129 AG. BGB. und Henle-Schneider AG. BGB. zu Art. 129).

Es kommen deshalb zur Anwendung: die allgemeinen Vorschriften über Rechtshilfe (§ 2), Zuständigkeit (§§ 3—5, 7) Ausschließung und Ablehnung der Richter (§§ 6, 7) über das Verfahren der Gerichte (§§ 8—18), über die Beschwerde (§§ 19—30), über Rechtskraft, Folge der Aufhebung von Verfügungen, Ordnungsstrafen und Akteneinsicht (§§ 31—34), außerdem über die Zuständigkeit des obersten Landesgerichts (§ 199 FGG. und Art. 42 III AG. GVG.).

Diese Vorschriften kommen jedoch nur insoweit zur Anwendung, als nicht landesgesetzlich, d. h. durch die Schätzeranweisung ein anderes vorgeschrieben ist. Soweit nach den Vorschriften des Gesetzes über die Angelegenheiten der freiwilligen Gerichtsbarkeit andere Gesetze (z. B. die Zivilprozeßordnung nach § 15 FGG.) entsprechende Anwendung zu finden haben, kommen diese Gesetze auch hier zur Anwendung (s. § 16 SchA.).

C. Wegen der Gebühren s. Bemerkungen zu § 28 SchA.

III. Von den amtlichen Schätzungen sind die nicht-amtlichen Schätzungen zu unterscheiden (§ 29 SchA.). Auch hier erfolgt die Feststellung des Wertes des Grundstücks mit Rücksicht auf die Sicherheit von Hypotheken, Grundschulden oder Rentenschulden. Art. 87 AG. BGB. schließt derartige Schätzungen nicht aus. Auch das bisherige Recht kannte Privatschätzungen, also Schätzungen, die ohne Mitwirkung des Hypothekenamts oder Notars von den Schätzern vorgenommen wurden. Die Privatschätzungen waren sogar die Regel. Auch heute noch wird selbst von Gemeinden, Stiftungen und Sparkassen mehr Gebrauch von den Privatschätzungen als den amtlichen Schätzungen gemacht. Die Hypothekenbanken haben ihre eigenen Schätzer und machen von den beeidigten Schätzern selten Gebrauch. Die für amtliche Schätzungen ernannten und beeidigten Schätzer können Privatschätzungen übernehmen, eine gesetzliche Verpflichtung zur Übernahme besteht aber nicht.

Die Haftung der Schätzer für Privatschätzungen bestimmt sich nicht nach Art. 88 AG. BGB., sondern nach den Vorschriften des BGB. Auch früher hafteten die Schätzer für Privatschätzungen nicht nach § 10 Schätzerinstr., sondern nur nach den allgemeinen Vorschriften des bürgerlichen Rechts.

Die bei nichtamtlichen Schätzungen aufgenommenen Schätzungsurkunden sind keine öffentlichen Urkunden (§ 415 ZPO., § 268 StGB.), sondern nur Privaturkunden. Wegen der äußeren Form der nichtamtlichen Schätzungen s. § 29 I S. 3 und 4 SchA.

In das Grundbuch wird auch der unter amtlicher Leitung ermittelte Schätzungswert nicht mehr eingetragen (§§ 293, 468 II DAnw.).

IV. Die Schätzeranweisung erwähnt noch die sonstigen Schätzungen. Darunter sind Schätzungen zu verstehen, bei denen die Schätzung von Grundstücken zu andern Zwecken als zur Feststellung der Sicherheit von Hypotheken, Grundschulden oder Rentenschulden erforderlich wird. Für diese Fälle gelten die Schätzer als öffentlich bestellte Sachverständige zur Abgabe der darauf bezüglichen Gutachten, § 30 SchA. Derartige Schätzungen können nötig werden in einem Strafprozeß- oder Zivilprozeßverfahren, in einem Verfahren in Verwaltungsrechtssachen, in einer Angelegenheit der freiwilligen Gerichtsbarkeit oder der Justizverwaltung. Fälle, wo sonstige Schätzungen erforderlich werden können, zeigen z. B. die §§ 1515, 2049, 2312 BGB. Im übrigen s. Art. 15 a AG. BGB., §§ 404 II, 407 I, 410 II ZPO., §§ 73 II, 75 I und 79 II StPO., Art. 20 V BGHG., § 15 FGG. und Art. 131 BG. Die von dem Amtsgericht nach den Vorschriften der Schätzeranweisung aufgestellten und beeidigten Schätzer haben die Verpflichtung, auch bei den sonstigen Schätzungen der Ernennung zum Sachverständigen Folge zu leisten (§ 407 ZPO. und § 75 StPO.). Im Falle des Nichterscheinens im Vernehmungstermine oder im Falle der Weigerung zur Erstattung des Gutachtens treten die in §§ 409, 402 ZPO. und §§ 77 StPO. aufgeführten Folgen ein.

Daß die Vorschrift der §§ 409, 402 ZPO. auch bei den amtlichen Schätzungen im Sinne des Art. 87 AG. BGB. Anwendung findet, geht aus Art. 129 AG. BGB. und § 15 FGG., wonach die Vorschriften der ZPO. entsprechend anzuwenden sind, hervor (s. Keidel FGG. § 15 Anm. 8 b und § 16 SchA.).

V. Zum Schlusse sei noch erwähnt, daß auch von Bezirksämtern und Gemeindeverwaltungen Schätzmänner, welche die Schätzungen für Sparkassen und Kreditgenossenschaften, Pfründe-, Pfarr- und Kirchenstiftungen usw. vornehmen sollen, aufgestellt zu werden pflegen. Solche Personen sind aber nicht Schätzer im Sinne des Art. 87 AG. BGB. Ihre Gutachten sind nicht amtliche Wertsfeststellungen (s. Henle-Schneider AG. BGB. Vorbemerkungen zu Art. 87 Anm. 5 Abs. II und Bekanntmachung, die Anlegung von Geldern der Kultusstiftungen und Kirchengemeinden betr., vom 17. Mai 1905 § 5 II Ziff. c.). Derartige Schätzmänner sind aber auch nicht als öffentlich bestellte Sachverständige im Sinne der §§ 404 II, 407 I, 410 II ZPO., §§ 73, 75 I und 79 II StPO. zu betrachten. Denn für die Frage, wer die öffentliche Bestellung vorzunehmen hat, ist das Landesrecht, in Bayern Art. 15 a AG. GVG. und Art. 87 AG. BGB. maßgebend. Als öffentlich bestellte Sachverständige im Sinne der ZPO. und StPO. sind deshalb nur die von den Amtsgerichten bestellten anzusehen (s. Gaupp-Stein ZPO. § 404 Anm. II Fußnote 3).

Bekanntmachung, die Anweisung für die amtliche Feststellung des Wertes von Grundstücken betreffend.

I. Amtliche Feststellung des Wertes mit Rücksicht auf die Sicherheit von Hypotheken, Grundschulden oder Rentenschulden[1] (Art. 87 AG. BGB).

1. Die Schätzeranweisung unterscheidet amtliche, nicht amtliche und sonstige Schätzungen. Die §§ 1 bis 28 SchA. behandeln die amtlichen Schätzungen und zwar zunächst die Ernennung und Beeidigung der Schätzer (§§ 1 bis 11), dann das Schätzungsverfahren (§§ 12 bis 27) und zuletzt die Gebühren (§ 28). In § 29 ist von den nichtamtlichen, in § 30 von den sonstigen Schätzungen die Rede. Bei den amtlichen und nichtamtlichen Schätzungen wird der Grundstückswert stets zur Feststellung der Sicherheit von Hypotheken, Grundschulden oder Rentenschulden ermittelt, bei den sonstigen Schätzungen erfolgt die Schätzung zu anderen Zwecken. Der Zweck der amtlichen Feststellung des Wertes konnte nicht etwa im Hinblick auf § 164 FGG. erweitert werden, da die Schätzeranweisung sich an Art. 87 AG. BGB. anschließen mußte (s. Einleitung II—IV, insbes. II B). Als amtliche Schätzung im Sinne des Abschnittes I gilt nur eine unter der Leitung und Mitwirkung des Grundbuchbeamten oder Notars und unter Einhaltung der Vorschriften der §§ 12 bis 27 SchA. zustande gekommenen Schätzung der nach den §§ 1 bis 11 SchA. ernannten und beeidigten Schätzer. Die Schätzung darf nur zur Sicherheit von Hypotheken, Grundschulden oder Rentenschulden dienen.

1. Ernennung und Beeidigung der Schätzer.

§ 1.

I Zur amtlichen Feststellung des Wertes von Grundstücken[1] haben[2] die Amtsgerichte[3] Sachverständige (Schätzer)[4] zu ernennen und zu beeidigen.[5]

II Bei den mit mehreren Amtsrichtern besetzten Amtsgerichten sollen[6] die auf die Bestellung und Beeidigung der Schätzer sowie die amtliche Feststellung des Wertes

von Grundstücken sich beziehenden Geschäfte dem Grundbuchbeamten,[7] unter mehreren[8] Grundbuchbeamten einem von ihnen, zugeteilt werden.[9]

1. Vgl. Bemerkungen zu Abschnitt I S. 2.

2. Die Ernennung und Beeidigung der Schätzer gehört zu den Dienstaufgaben der Amtsgerichte. Sie ist also eine Offizialtätigkeit und zwar eine Angelegenheit der Justizverwaltung. Den Beteiligten steht ein formelles Antrags- und Beschwerderecht nicht zu (s. Einl. II A).

3. Durch die Vorschrift des § 1 wird nicht die Zuständigkeit der Amtsgerichte begründet. Ihre Zuständigkeit (ausschließliche) ergibt sich vielmehr aus Art. 15 a AG. GVG. in der Fassung des Art. 167 II und Art. 87 AG. BGB. (s. Einl. II A).

4. Die von den Amtsgerichten ernannten und beeidigten Schätzer sind nicht mit eigner öffentlicher Autorität ausgestattet. Es ist ihnen deshalb auch nicht möglich, ohne Mitwirkung des Gerichts oder Notars amtliche Gutachten abzugeben. Eine ohne solche Mitwirkung aufgenommene Schätzungsurkunde ist eine Privaturkunde, keine öffentliche Urkunde (§ 415 ZPO.). Im übrigen s. Einl. Nr. III.

5. Durch die Ernennung (§§ 2—5) und Beeidigung (§§ 6 und 7) wird der Sachverständige „Schätzer" im Sinne der Schätzeranweisung und zwar „ständiger" Schätzer (§ 3 I; Ausnahme § 3 II und § 23 I S. 2.). Außerdem gilt er als öffentlich bestellter Sachverständiger (§ 30 SchA., §§ 404 II, 407 I, 410 II ZPO., §§ 73, 75 I und 79 II StPO. Einl. IV).

6. S. Bemerkungen 8 und 9.

7. Grundbuchbeamter ist der Amtsrichter, der die Geschäfte des Grundbuchamtes führt (§ 3 I DAnw.). Grundbuchbeamter kann zwar auch ein „Grundbuchkommissär", d. h. ein zum Richteramt befähigter Rechtskundiger sein, den das Staatsministerium der Justiz ausnahmsweise mit den Obliegenheiten des Grundbuchbeamten betraut hat (Art. 2 AG. GBO. und § 9 DAnw.). Der Grundbuchkommissär hat aber nur in Ansehung der Führung des Grundbuchs und der sonstigen Verrichtungen des Grundbuchamts die nämlichen Befugnisse wie der Grundbuchbeamte (§ 9 I S. 2 DAnw.). Bei der Ernennung und Beeidigung der Schätzer handelt es sich jedoch um keine Verrichtungen des Grundbuchamts, für die in Bayern ebenfalls die Amtsgerichte zuständig sind (Art. 1 AG. GBO.). [In Bayern ist deshalb auch das Grundbuchwesen zu einer Angelegenheit der freiwilligen Gerichtsbarkeit geworden Art. 8 AG. GBO. und Meikel, GBO. § 1 Anm. 2 c.] Vielmehr handelt es sich bei der Ernennung und Beeidigung der Schätzer um eine, den Amtsgerichten durch Art. 15 a AG. GVG. in der Fassung des Art. 167 II und Art. 87 AG. BGB. übertragene besondere Offizialtätigkeit (s. a. Art. 29 AG. BGB. und Einl. II A). Deshalb können auch nicht einem Grundbuchkommissär die in § 1 II aufgeführten Geschäfte zugeteilt werden.

8. Bei den mit mehreren Amtsrichtern besetzten Amtsgerichten werden die Geschäfte des Grundbuchamts einem oder mehreren Amtsrichtern (Grundbuchbeamten) durch den Vorstand des Amtsgerichts je auf die Dauer eines Geschäftsjahrs zugeteilt (Art. 17 AG. GVG. und § 4 DAnw.). Gibt es mehrere Grundbuchbeamte an einem Amtsgericht, so ist die Wahl dem Amtsvorstand überlassen. Er braucht nicht notwendig den dienstältesten Grundbuchbeamten zu bestimmen. Für die Vertretung des Grundbuchbeamten im Falle seiner Verhinderung gelten die Vorschriften der Art. 19, 20, 21 AG. GVG. (s. a. § 5 DAnw.). Auch bei Amtsgerichten, bei denen die Grundbuchgeschäfte nach Stadt- und Landbezirken verteilt sind, soll nur **ein** Grundbuchbeamter die Geschäfte des § 1 II übertragen erhalten. Die Fassung des § 1 II („sollen") verbietet nicht, daß auch der Gerichtsvorstand oder ein anderer Richter die Geschäfte des § 1 II übernimmt.

9. Die Vorschrift des § 1 II ist eine Zweckmäßigkeitsvorschrift. Die Zuteilung der Geschäfte an den Grundbuchbeamten rechtfertigt sich damit, daß die Geschäfte des § 1 II mit den Verrichtungen des Grundbuchamts verwandt sind, bzw. mit ihnen Berührungspunkte haben. Weil § 1 II nur eine Zweckmäßigkeits- bzw. Ordnungsvorschrift („sollen") ist, ist auch der Vorstand des Amtsgerichts bei Verteilung der Geschäfte (Art. 17 AG. GVG.) nicht an sie gebunden s. a. Anm. 8.

§ 2.

I Die Schätzer werden für bestimmte Bezirke[1] (Schätzerbezirke) ernannt.

II In der Regel[2] bildet jeder Grundbuchbezirk[3] einen Schätzerbezirk. Ausmärkische[4] Grundbuchbezirke sind mit einem angrenzenden Grundbuchbezirke zu einem Schätzerbezirke zu vereinigen. Kleine Grundbuchbezirke können[5] mit einem oder mehreren angrenzenden Grundbuchbezirken zu einem Schätzerbezirke vereinigt werden. Die Bestimmungen hierüber trifft das Amtsgericht (§ 1).

III In Städten[7] bildet der ganze Stadtbezirk, auch wenn er in mehrere Grundbuchbezirke abgeteilt ist, einen Schätzerbezirk.

1. Der Schätzer wird nicht etwa für den ganzen Bezirk des Amtsgerichts, sondern für bestimmte (kleinere) Bezirke (Schätzerbezirke) ernannt s. Anm. 3. Man hat davon abgesehen, aus jedem Amtsgerichtsbezirk nur **einen** Schätzerbezirk zu bilden, da dies in den Landbezirken, wo die Verhältnisse in den einzelnen Landstrichen doch zu verschieden sind, nicht empfehlenswert gewesen wäre. Die Ernennung braucht nicht durch besonderen Beschluß zu erfolgen. Es genügt die mündliche Eröffnung bei Beeidigung (s. Beeidigungsformular). Der zum Schätzer Ernannte ist nicht verpflichtet, der Ernennung Folge zu leisten, da für eine solche Verpflichtung die gesetzliche Unterlage fehlt.

2. Ausnahme § 2 III für Städte. Andere Ausnahmen sind ebenfalls zulässig. Die Bestimmungen hierüber trifft das Amtsgericht

(§ 2 II letzter Satz) und zwar der Richter, dem nach § 1 das Schätzungsverfahren zugewiesen ist. Ohne zwingende Gründe (z. B. sehr großer Grundbuchbezirk, schlechte Verkehrsverhältnisse usw.) wird aber das Amtsgericht von der Bestimmung des § 2 II S. 1 nicht abweichen s. auch **Anm. 6.**

3. In der Regel bildet jede Steuergemeinde einen Grundbuchbezirk ohne Rücksicht darauf, ob sie mit den Grenzen der politischen Gemeinde zusammenfällt oder nicht. Wenn also eine Steuergemeinde die Bezirke mehrerer politischen Gemeinden umfaßt, bilden diese zusammen einen Grundbuchbezirk, und wenn der Bezirk einer politischen Gemeinde in mehrere Steuergemeinden zerfällt, bildet jede von diesen einen Grundbuchbezirk (§ 211 DAnw.).

Die Regel ist also, daß der Schätzerbezirk mit dem Bezirk der **Steuergemeinde** zusammenfällt, s. a. § 161 DAnw. wegen des Begriffes „Steuergemeinde".

4. Nach Art. 3 I und II GemO. muß jedes Grundstück einem Gemeindebezirke angehören. Ausgenommen sind größere Waldungen, Freigebirge und Seen, welche bis jetzt keiner Gemeindegemarkung zugeteilt waren. Sie bilden auch künftig eigene, von dem Gemeindeverband ausgeschlossene Markungen (im übrigen s. Kahr, GemO. Art. 3 Anm. 1).

Unter ausmärkischen Grundbuchbezirken sind nun solche Grundbuchbezirke zu verstehen, bei denen die in ihrem Bezirk gelegenen Grundstücke (gewöhnlich sind es größere Forstbezirke) einem Gemeindebezirk nicht angehören. Diese ausmärkischen Grundbuchbezirke bilden einen besonderen Grundbuchbezirk, d. h. es ist für sie ein eigenes Grundbuch anzulegen und zu führen, wenn sie als selbständige Steuergemeinden eingerichtet sind (§ 211 I letzter Satz DAnw.). Andernfalls ist es zulässig, jedoch bedarf es hiezu der Genehmigung des Staatsministeriums der Justiz (§§ 211, 212 DAnw.), für den ausmärkischen und einen andern Grundbuchbezirk e i n Grundbuch zu führen.

Nach der Schätzeranweisung müssen nun ausmärkische Grundbuchbezirke, ohne Rücksicht darauf, ob für sie ein eigenes Grundbuch geführt wird oder nicht, stets mit einem angrenzenden Grundbuchbezirk zu einem Schätzerbezirk vereinigt werden. Daß dies gerade der Grundbuchbezirk sei, für den zusammen mit dem ausmärkischem Grundbuchbezirk ein Grundbuch geführt wird, ist nicht erforderlich. Darüber entscheidet das Ermessen des Amtsgerichts (§ 1 II letzter Satz SchA.). Es sind hier vor allem die örtlichen Verhältnisse zu berücksichtigen s. auch Anm. 6.

5. „können". Das Amtsgericht braucht also von der Vorschrift des § 2 II S. 3 keinen Gebrauch zu machen. Es ist dies seinem freien Ermessen überlassen. Bei kleineren Grundbuchbezirken, insbesondere solchen, deren wirtschaftliche Verhältnisse übereinstimmen, wird das Amtsgericht jedoch tunlichst von der Vorschrift Gebrauch machen. Vor der Vereinigung mehrerer Grundbuchbezirke zu einem Schätzerbezirk wird das Amtsgericht erst die Gemeinden hören.

6. Sämtliche Bestimmungen (Verfügungen), die das Amtsgericht nach § 2 II zu treffen hat, sind in sein freies Ermessen gestellt. Damit ist aber nicht gesagt, daß es der Willkür des Amtsgerichts überlassen ist, ob es die eine oder andere Verfügung treffen will. Vielmehr muß das Gericht bei Prüfung der nach § 2 II zu entscheidenden Fragen stets ein pflichtgemäßes und allen Umständen Rechnung tragendes Ermessen walten lassen und zwar dies um so mehr, als gegen seine Entscheidung eine Beschwerde nicht zulässig ist, denn die Ernennung der Schätzer ist eine „Offizialtätigkeit". Etwaigen Beteiligten steht also ein Antrags- und Beschwerderecht nicht zu s. a. Einl. II A.

7. Ausnahme von der Regel des Abs. II. Der Stadtbezirk bildet also hier den Schätzerbezirk, nicht den Grundbuchbezirk.

§ 3.

I Für jeden Schätzerbezirk[1] sollen[2] mindestens drei ständige[3] Schätzer ernannt werden. Für größere Schätzerbezirke, insbesondere für Städte kann nach dem Ermessen[4] des Amtsgerichts eine größere[5] Zahl ständiger Schätzer ernannt werden.

II Für einzelne Fälle, zu deren Beurteilung besondere Kenntnisse erforderlich sind, können besondere[6] Schätzer ernannt werden.

1. S. § 2 Anm. 3 und 7.

2. Ordnungsvorschrift. Bei Verletzung der Vorschrift kein Beschwerderecht s. § 2 Anm. 6. Beteiligte können aber bei der Dienstaufsichtsstelle anregen, daß die nach § 3 I S. 1 erforderliche Anzahl von Schätzern vom Amtsgericht bestellt wird. Die Dienstaufsichtsstelle kann hiezu bindende Aufträge an das Amtsgericht erteilen.

3. Die Zahl 3 als Mindestzahl rechtfertigt sich mit Rücksicht auf § 14 und § 5 S. 2 SchA. Ist der Schätzerbezirk so klein, daß drei geeignete Persönlichkeiten nicht zu finden sind, so soll die Zusammenlegung mit einem anderen Bezirk erfolgen. Die **ständigen** Schätzer (im Gegensatz zu den **besonderen** Schätzern) werden für einen bestimmten Schätzerbezirk ernannt und beeidigt, bevor ein Schätzungsverfahren beantragt ist und Schätzungen vorzunehmen sind (§§ 6 und 23 SchA.). Als Ausweis über seine Ernennung und Beeidigung erhält der ständige Schätzer eine Bestallung (s. § 7 II SchA. und Muster I). Der zum Schätzer Ernannte ist nicht verpflichtet, der Ernennung Folge zu leisten (s. § 2 Anm. 1). Wenn sich die erforderliche Mindestzahl in einem Bezirke nicht aufstellen läßt, so ist dieser Bezirk mit einem benachbarten zu vereinigen (§ 2 II).

4. S. § 2 Anm. 6.

5. Also mehr als drei Schätzer. Die Zahl richtet sich nach der Größe des Schätzerbezirks und nach dem Umfang der Tätigkeit der Schätzer im Bezirk. In jedem Schätzerbezirk sollen sowohl für die Schätzung des Grundwertes als für die Schätzung des Wertes von Bauwerken sachkundige Personen ernannt werden. Die Amtsgerichte sind daher verpflichtet, in ländlichen Bezirken neben zwei Schätzern, die in landwirtschaftlichen Betrieben des Bezirkes erfahren sind, auch eine im Bauwesen erfahrene Person zum Schätzer zu ernennen. Es empfiehlt sich, diesen Schätzer zum Unterschied von den beiden anderen Schätzern in der Schätzerliste (§ 11 SchA. und Muster II) unter den Bemerkungen besonders zu kennzeichnen (etwa „für Bauwerke"). In Städten und Bezirken mit Fabriken und größeren industriellen Anlagen haben die Amtsgerichte auch Sachverständige für Hochbauwesen, Tiefbauwesen, Fabrikbetriebe und andere industrielle und gewerbliche Anlagen, Gärtnereibetriebe u. dgl. zu Schätzern zu ernennen. Hier ist es empfehlenswert, die verschiedenen Schätzer in der Schätzerliste nach den einzelnen Klassen vorzutragen z. B. a) für landwirtschaftliche Betriebe, b) für Bauwerke, c) für Fabrikbetriebe ꝛc. (§ 5 SchA.). Das Amtsgericht oder der Notar, denen die Auswahl der Schätzer für den einzelnen Fall zusteht, und die sie aus den für den Bezirk ernannten Schätzern treffen sollen (§ 13 II SchA.), werden in diesem Falle aus der einen oder anderen Klasse die Wahl zu treffen haben, je nachdem ein landwirtschaftliches Grundstück, ein Bauwerk oder eine industrielle Anlage zu schätzen ist. Diese gesonderte Aufstellung von Schätzern gibt die Gewähr für möglichst genaue Schätzungen.

6. Die besondern Schätzer werden nicht von vorneherein, d. h. bevor überhaupt ein Schätzungsverfahren beantragt ist, ernannt und beeidigt wie die ständigen Schätzer. Die Ernennung eines besondern Schätzers wird erst nötig, wenn die amtliche Feststellung des Wertes eines Grundstückes beantragt ist (§ 12 SchA.) und das Amtsgericht oder der Notar die Überzeugung gewinnt, daß zur Schätzung besondere Kenntnisse erforderlich sind, die die ständigen Schätzer nicht besitzen. Erfolgt die Schätzung unter der Mitwirkung des Notars (§ 13 SchA.), und will der Notar einen besondern Schätzer zuziehen, so muß er bei dem Amtsgerichte beantragen (bzw. anregen), einen besondern Schätzer zu ernennen und zu beeidigen (§ 23 I S. 2 SchA.). Das Amtsgericht wird ja in der Regel dem Antrag des Notars stattgeben und auch einen etwaigen Vorschlag bezüglich der Person des zu ernennenden besondern Schätzers berücksichtigen. Doch angenommen, das Amtsgericht weigert sich, einen besondern Schätzer zu ernennen, weil es z. B. der Ansicht ist, daß auch ein ständiger Schätzer die Schätzung vornehmen kann, oder es ernennt eine andere als die vom Notar vorgeschlagene Person zum besondern Schätzer, so steht hiewegen dem Notar ein Beschwerderecht zum Landgericht nicht zu. Denn die Tätigkeit der Amtsgerichte auch hinsichtlich der Ernennung der besondern Schätzer ist eine „Offizialtätigkeit". Der Notar kann sich nur an die Dienstaufsichtsstelle wenden, wenn seinen Wünschen keine Rechnung getragen wird. Im übrigen s. § 2 Anm. 6 und § 3 Anm. 2. Fälle im Sinne des § 3 II ließen sich viele aufzählen. Nur beispielsweise seien einige genannt.

Es nimmt ein Eigentümer auf seinem Grundstücke Bohrungen nach Kohlen vor. Die Bohrungen haben das Vorhandensein von Kohlenlagern ergeben. Um diese reichlicher ausnützen zu können, benötigt der Eigentümer ein größeres Betriebskapital. Er erhält es nur gegen dingliche Sicherung und amtliche Feststellung des Wertes des Grundstücks. Hier wird nur ein besonderer Schätzer angeben können, um was das Grundstück infolge der entdeckten Kohlenlager wertvoller geworden ist. Oder in einem Landgrundbuchbezirk befindet sich eine Industrieanlage, die geschätzt werden soll. Auch da wird ein besonderer Schätzer ernannt werden müssen, da die ständigen Schätzer, die sich hier in der Regel aus Landwirten und Baumeistern zusammensetzen, kaum ein verlässiges Gutachten abgeben werden können.

§ 4.

I Zu ständigen[1] Schätzern sollen[2] nur unbescholtene[3] Männer ernannt werden, die

1. die bayerische Staatsangehörigkeit[4] besitzen,
2. das 25. Lebensjahr vollendet,[5] das 65. Lebensjahr aber noch nicht überschritten[6] haben,
3. in der Geschäftsfähigkeit nicht beschränkt[7] sind,
4. in dem Schätzerbezirke wohnen,[8]
5. mit den örtlichen Verhältnissen des Bezirks vertraut sind und die zur Abgabe sachgemäßer, unparteiischer Schätzungen erforderlichen Kenntnisse und persönlichen Eigenschaften besitzen,[9]
6. in geordneten Vermögensverhältnissen leben,[10]
7. sich zur Übernahme der Obliegenheiten eines ständigen Schätzers bereit erklärt haben.[11]

II Öffentliche Beamte[12] sollen[13] nur mit der Genehmigung ihrer vorgesetzten Dienstbehörde zu Schätzern ernannt werden.

1. § 4 findet also keine Anwendung auf die besonderen Schätzer (§ 3 II SchA.). Die Vorschriften des § 4 Ziff. 1—4 brauchen also bei dem besonderen Schätzer nicht vorzuliegen. Hinsichtlich der persönlichen Eigenschaften des besonderen Schätzers wird aber für den Richter in jedem Fall § 4 Ziff. 5 und 6 maßgebend sein.

2. Die Voraussetzungen des § 4 müssen zur Zeit der Ernennung gegeben sein. Nur Ordnungsvorschrift, deren Nichtbeachtung die Gültigkeit der Ernennung nicht beeinflußt. Als Sollvorschrift muß sie jedoch der Richter aufs genaueste beachten.

3. Ob jemand als unbescholten zu betrachten ist, hängt von dem Ermessen des Amtsgerichts ab. Jedenfalls sollen Personen, welche wegen entehrender Verbrechen und Vergehen eine Schmälerung der Rechtsfähigkeit in öffentlich-rechtlicher Beziehung erfahren haben, nicht zu Schätzern ernannt werden. Es wird ein Mann jedenfalls dann als bescholten zu gelten haben, wenn bei ihm die Gründe des Art. 13 II Ziff. b—d GemO. vorliegen, unter denen die Gemeinde zur Versagung des Bürgerrechts befugt ist.

4. Die bayerische Staatsangehörigkeit wird erworben durch Abstammung, Legitimation, Aufnahme und Naturalisation (§§ 3 ff. des Reichs- und Staatsangehörigkeitsgesetzes vom 22. Juli 1913).

5. § 187 II S. 2 BGB. Ist jemand z. B. am 7. Mai 1885 geboren, so hat er mit dem Ablaufe des 6. Mai 1910 das 25. Lebensjahr vollendet. Der Entwurf II zur Schätzeranweisung verlangte ursprünglich die Vollendung des 30. Lebensjahres. Man hat jedoch an der ursprünglichen Altersgrenze des Entwurfs I (Vollendung des 25. Lebensjahres) festgehalten (s. a. Art. 171 GemO. und Art. 7 AbmG.). Da § 4 nur eine Sollvorschrift enthält, ist dem Richter freie Hand gelassen. Wenn dem Richter ein 25 jähriger Mann zu jung erscheint, so braucht er ihn nicht als Schätzer zu bestellen.

6. S. Anm. 5.

7. Von den in der Geschäftsfähigkeit beschränkten Personen kommen hier nur in Betracht: die wegen Geistesschwäche, wegen Verschwendung oder wegen Trunksucht entmündigten und die nach § 1906 BGB. unter vorläufige Vormundschaft gestellten Personen (§ 114 BGB.). Wegen Geschäftsunfähigkeit (§ 104 Ziff. 2 und 3 BGB.).

8. Unter Wohnen ist nicht der Wohnsitz im Sinne des BGB. (§ 7) zu verstehen, sondern lediglich die Tatsache ständigen Aufenthalts an einem Orte im Gegensatz zu einem bloß vorübergehenden. Wohnen ist hier gleichbedeutend mit Wohnen im Sinne des Art. 11 GemO., auch wenn § 6 III S. 2 von „Wohnsitz"-Veränderung spricht. Daß der Schätzer schon längere Zeit im Bezirke wohnt, ist nicht erforderlich. Jedenfalls muß er aber mit den örtlichen Verhältnissen des Bezirks vertraut sein. § 4 Ziff. 5.

Der Wohnsitz im Sinne des § 7 BGB. setzt einen ständigen Aufenthalt an einem Orte nicht immer voraus (s. Staudinger BGB. zu § 7).

9. Ob diese Voraussetzungen vorliegen, wird das Amtsgericht in der Regel selbst nicht prüfen können (kleine Amtsgerichtsbezirke ausgenommen, wo es dem Amtsrichter möglich ist, die Leute seines Bezirkes näher kennen zu lernen). Vielmehr haben die Amtsgerichte bei Ernennung eines Schätzers die Gemeindebehörden stets um Vorschläge zu ersuchen (§ 5 SchA.). Die Amtsgerichte werden selten in die Lage kommen, andere als die von den Gemeindebehörden vorgeschlagenen Personen zu Schätzern zu ernennen. Die Gemeindebehörden haben bei ihren Vorschlägen hauptsächlich ihr Augenmerk darauf zu richten, daß die als Schätzer vorgeschlagenen Personen die Voraussetzungen des § 4 Ziff. 5 SchA. erfüllen. Es soll dabei aber nur die Person, nicht der Stand, das Gewerbe gewürdigt werden.

10. Nicht in geordneten Vermögensverhältnissen lebt jemand, über dessen Vermögen der Konkurs eröffnet ist, der den Offenbarungseid geleistet hat, der Unterstützung aus Mitteln der öffentlichen Armenpflege erhält bzw. erhalten hat, oder der verschuldet ist (s. §§ 102 ff. KO., §§ 899 ff ZPO. und Art. 13 I Ziff. a GemO.).

Ob mit der Aufhebung oder Einstellung des Konkursverfahrens der Gemeinschuldner wieder in geordneten Vermögensverhältnissen lebt, muß in jedem einzelnen Falle näher geprüft werden. Ebenso ist Frage des einzelnen Falls, wieweit die Leistung des Offenbarungseides zurückliegen muß, bis man die Vermögensverhältnisse des Schuldners als wieder geordnet betrachten kann. Jedenfalls wird man bei Ablauf der im § 915 II ZPO. bezeichneten Frist annehmen können, daß der Schuldner wieder in geordneten Vermögensverhältnissen lebt. Bei einem früheren Zeitpunkte wird das Amtsgericht die Vermögensverhältnisse näher zu prüfen haben. Wieweit die Armenunterstützung zurückliegen muß, bis wieder geordnete Vermögensverhältnisse des Unterstützten angenommen werden können, ist ebenfalls Tatfrage. Jedenfalls darf man geordnete Vermögensverhältnisse vermuten, sobald die Armenunterstützung schon vor längerer Zeit als zwei Jahre erfolgte. In Übereinstimmung mit dem Gesetz vom 4. April 1910, betreffend die Einwirkung von Armenunterstützung auf öffentliche Rechte, wird man die in Art. 1 aufgeführten Unterstützungen auch hier nicht als Armenunterstützung ansehen können, da der Begriff „geordnete Vermögensverhältnisse" nicht verlangt, daß jemand in einer augenblicklichen Notlage oder in sonstigen außergewöhnlichen Fällen fremde Hilfe nicht in Anspruch nehmen dürfte.

Bei Schulden wird es auf die Größe der Schuldenlast ankommen, ob man geordnete Vermögensverhältnisse annehmen will oder nicht.

Nicht erforderlich ist, daß der Schätzer ein der Zwangsvollstreckung zu unterstellendes Vermögen oder Grund und Boden besitzt.

11. Eine gesetzliche Verpflichtung zur Übernahme des Amtes eines Schätzers besteht also nicht, s. § 2 Anm. 1. Ist aber jemand zum Schätzer ernannt, so ist er zur Erstattung von Gutachten verpflichtet (§ 16 SchA., § 407 ZPO., § 75 StPO. und Art. 10a AG. GVG., s. a. § 8 Ziff. 1 SchA.).

12. Hierunter sind nicht nur die Beamten im Sinne des bayerischen Beamtengesetzes vom 16. August 1908 (Art. 1) zu verstehen, sondern auch die Beamten, die im Dienste des Reichs, des Kreises, der Gemeinde oder einer juristischen Person des öffentlichen Rechts einschließlich des Kirchenrechts stehen.

Da mit dem Amte eines Schätzers eine Entlohnung verbunden ist (§ 28 SchA.), so darf ein bayerischer Staatsbeamter nur mit Erlaubnis der zuständigen Dienstbehörde das Amt übernehmen. Außerdem muß die Führung des Amtes mit der gewissenhaften Erfüllung seiner Pflichten vereinbar sein (Art. 18 BG.).

13. S. Anm. 2.

§ 5.

Vor der Ernennung eines ständigen[1] Schätzers hat das Amtsgericht die Gemeindebehörden und wenn erforderlich andere Behörden um Vorschläge zu ersuchen.[2] Bei der Auswahl soll darauf Bedacht genommen werden, daß in jedem Schätzerbezirke sowohl für die Schätzung des Grundwertes als für die Schätzung des Wertes von Bauwerken sachkundige Personen ernannt werden. Es wird also in ländlichen Bezirken neben Personen, die in den landwirtschaftlichen Betrieben des Bezirks erfahren sind, auch eine im Bauwesen erfahrene Person zum Schätzer zu ernennen sein. In Städten und in Bezirken mit Fabriken und größeren industriellen Anlagen wird darauf zu achten sein, daß auch Sachverständige für Hochbauwesen, Tiefbauwesen, Fabrikbetriebe und andere industrielle und gewerbliche Anlagen, Gärtnereibetriebe u. dgl. zu Schätzern ernannt werden.[3]

1. § 5 bezieht sich also nur auf die Ernennung eines ständigen, nicht auf die Ernennung eines besonderen Schätzers (§ 3 II).

2. Da der Richter in der Regel die Leute seines Bezirks nicht so genau kennt, um selbst prüfen zu können, bei welchen Personen die Voraussetzungen eines Schätzers (§ 4 SchA.) gegeben sind, so hat er gemäß § 5 SchA. die Verpflichtung, vor Ernennung eines ständigen Schätzers Vorschläge einzuholen und Erkundigungen einzuziehen. In erster Linie hat er die Gemeindebehörden und, wenn erforderlich, andere Behörden (z. B. die Bezirksämter, die landwirtschaftlichen Bezirksvereine bzw. Bezirksausschüsse) um Vorschläge zu ersuchen. In seinen Erkundigungen ist der Richter unbeschränkt. Eine Erkundigung bei dem Rentamt über die Vermögensverhältnisse der vorgeschlagenen Personen dürfte jedoch zu weit gehen. S. a. § 4 Anm. 10.

Die Gemeindebehörde braucht lediglich *eine* Person im Falle der Erledigung einer Stelle vorzuschlagen.

Das Amtsgericht ist an die Vorschläge der Behörden nicht gebunden. Es kann vielmehr an Stelle der vorgeschlagenen eine andere Person zum Schätzer ernennen. Von diesem Recht wird es jedoch nur dann Gebrauch machen, wenn es sich vorher vergewissert hat, daß die von ihm gewählte Person auch die Voraussetzungen eines Schätzers (§ 4) erfüllt. In der Regel wird das Amtsgericht die von den Behörden vorgeschlagenen Personen zu Schätzern ernennen. In Landbezirken werden von den Gemeindebehörden gewöhnlich Feldgeschworene (s. AbmG. vom 30. Juni 1900 Art. 5 ff.) als Schätzer vorgeschlagen. Handelt es sich um die Aufstellung eines Schätzers für Bauwerke, so ist es meistens ein Maurermeister oder Baumeister, der vorgeschlagen wird. Durch die Vorschrift des § 5 wird die Gewähr gegeben, daß nur Leute als Schätzer aufgestellt werden, die auch die Eigenschaften eines Schätzers insbesondere die des § 4 Ziff. 5 erfüllen.

3. S. § 3 Anm. 5.

§ 6.

I Der Schätzer[1] hat[2] den folgenden Eid[3] zu leisten:

„Ich schwöre bei Gott dem Allmächtigen und Allwissenden, daß ich die mir als Schätzer obliegenden Pflichten getreu erfüllen und die mir aufgetragenen Schätzungen ohne Rücksicht auf die Person unparteiisch nach bestem Wissen und Gewissen ausführen werde, so wahr mir Gott helfe."

II Vor der Beeidigung ist der Schätzer eingehend über seine Berufspflicht[4] zu belehren. Er ist ferner darauf aufmerksam zu machen, daß er bei Schätzungen, die mit Rücksicht auf die Sicherheit von Hypotheken, Grundschulden oder Rentenschulden beantragt werden, nach Maßgabe des Art. 88 des Ausführungsgesetzes zum Bürgerlichen Gesetzbuche verpflichtet ist, den aus einer vorsätzlichen oder fahrlässigen Verletzung der Berufspflicht für einen Hypothekengläubiger, Grundschuldgläubiger oder Rentenschuldgläubiger entstehenden Schaden dem Gläubiger zu ersetzen.[5]

III Wegen der nichtamtlichen Schätzungen ist er nach Maßgabe des § 29 zu belehren.[6] Auch ist der Schätzer anzuweisen, jede Wohnsitzveränderung dem Amtsgerichte anzuzeigen.[7]

1. Sowohl der ständige als der besondere Schätzer (§ 3 II und § 23 I S. 2 SchA.). Die Beeidigung obliegt dem Richter, dem die Geschäfte des § 1 II SchA. zugeteilt sind.

2. Der Schätzer **muß** beeidigt werden. Die Beeidigung ist nicht in das Ermessen des Gerichts gestellt (anders nach § 15 FGG.). Da die Ernennung und Beeidigung der Schätzer und die amtliche Ermittlung des Wertes von Grundstücken eine Offizialtätigkeit des Gerichts bzw. eine Angelegenheit der freiwilligen Gerichtsbarkeit ist (s. Einl. II A und B), so sind alle diejenigen Vorschriften, welche dem Parteibetrieb des Zivilprozesses angepaßt sind, unanwendbar. Es kann daher in dem Schätzungsverfahren (§§ 12 ff. SchA.) von dem Antragsteller (Eigentümer des Grundstücks) z. B. nicht auf Beeidigung des Schätzers verzichtet werden. Die Anwendung des § 391 II ZPO. mit § 402 ZPO. ist also ausgeschlossen. Übrigens könnte ein Verzicht auf Beeidigung nur bei Vernehmung eines besondern Schätzers in Frage kommen, da die ständigen Schätzer schon bei ihrer Ernennung beeidigt werden und vor ihrer Vernehmung nur an ihren Eid zu erinnern sind. (Wenn die Schätzer in einem andern Verfahren [s. Einl. III] als in dem Schätzungsverfahren nach §§ 12 ff. SchA. als Sachverständige zu vernehmen sind, so wird der Eid nicht in der Form des § 6 SchA., sondern in der des § 79 I StPO. bzw. §§ 410 I und 481 ZPO. geleistet. Der Schätzer kann sich aber auch auf den in der Form des § 6 SchA. geleisteten Eid berufen [s. § 79 II StPO., § 410 II ZPO. und § 30 SchA.]).

3. Die Beeidigung hat vor Erstattung des Gutachtens zu erfolgen (Ausnahme von § 410 ZPO.) s. a. Anm. 2. Eine weitere Ausnahme besteht darin, daß der Eid nicht in der Form des § 481 I—III ZPO. geleistet werden darf. Es wird vielmehr die ganze Eidesformel „Ich schwöre usw., so wahr mir Gott helfe" vom Richter vorgesprochen und von dem Schätzer nachgesprochen. Auch mittels Ablesens der Eidesformel kann der Eid geleistet werden. Denn wenn auch mangels besonderer Vorschriften die Bestimmungen der Zivilprozeßordnung über das Verfahren bei der Abnahme von Eiden entsprechende Anwendung zu finden haben und der Abs. I S. 1 des § 482 ZPO. durch die Novelle zur ZPO. gestrichen wurde, so könnte diese Änderung für das Verfahren bei der Abnahme des Schätzereides nur dann in Betracht kommen, wenn auch der Schätzereid in der Form des gleichzeitig mit dem § 482 ZPO. abgeänderten § 481 ZPO. geleistet würde, was aber nicht zutrifft (s. oben). Deshalb wird man auch ein Ablesen der Eidesformel für zulässig erachten müssen. In der Regel wird aber der Richter die würdigere Form wählen und den Eid mittels Nachsprechens leisten lassen.

Bei der Eidesleistung soll der Schätzer die rechte Hand erheben (§ 481 IV ZPO.).

§ 484 ZPO. ist auch bei der Abnahme des Schätzereides anwendbar, s. a. Art. 15 AG. ZPO. und KO., V. vom 20. Oktober 1811 (Mennoniten) und Keidel FGG. § 15 Anm. 12.

Die Eidesnorm ist ausführlicher gehalten als die des gewöhnlichen Sachverständigeneides (s. §§ 410, 481 ZPO., §§ 79, 62 StPO.).

Die Eidesleistung erfolgt mangels einer besonderen Vorschrift in nichtöffentlicher Sitzung. Die Vorschriften des GVG. (§§ 170 ff.) finden hier keine Anwendung. Das Landesgesetz verlangt die Öffentlichkeit nur in den Fällen, in denen mündliche Verhandlungen im Sinne der Zivilprozeßordnung stattfinden, was aber in dem Verfahren nach §§ 1 ff. SchA. nicht der Fall ist (s. Anm. 2) Art. 78 II AG. GVG. Der Charakter der Nichtöffentlichkeit wird dadurch nicht aufgehoben, daß mit Erlaubnis des Richters Unbeteiligte sich während der Abnahme des Eides in dem Verhandlungsraum befinden. Nach dem Entwurf I zur Schätzeranweisung sollte die Eidesleistung in einer öffentlichen Sitzung vor dem Amtsrichter (nicht vor dem Grundbuchbeamten) erfolgen. Zuständig sollte der Richter sein, in dessen Sitzung die Beeidigung verwiesen wird. § 1 SchA. in der jetzigen Fassung läßt aber auch die Eidesleistung vor dem Grundbuchbeamten zu. Mangels einer besonderen Vorschrift und weil weder Reichsrecht (Gerichtsverfassungsgesetz) noch Landesrecht (Art. 78 II AG. GVG.) die Eidesleistung in öffentlicher Sitzung vorschreiben, darf sie deshalb in nichtöffentlicher Sitzung erfolgen.

4. Der Richter hat den Schätzer über seine Berufspflicht und Haftung gemäß § 6 II und III SchA. zu belehren. Die Vorschrift des § 6 II und III SchA. ist aber lediglich eine Ordnungsvorschrift, d. h. der Umstand, daß die Belehrung unterlassen wurde, entzieht der Eidesleistung nicht die rechtliche Wirksamkeit. Ein Schätzer, der seinen Eid wissentlich durch ein falsches Gutachten verletzt, begeht einen Meineid nach § 154 StGB., auch wenn der Richter bei Beeidigung des Schätzers die Vorschrift des § 6 II und III SchA. nicht erfüllt hat. § 6 enthält keine bestimmten Weisungen, worüber der Richter den Schätzer vor der Beeidigung zu belehren hat. Jeder Richter wird es aber mit der Belehrung des Schätzers gewissenhaft und genau nehmen, und dies um so mehr, weil die Privatschätzungen immer noch häufiger als die amtlichen Schätzungen sind, und der Richter infolgedessen keine Gelegenheit mehr hat, den Schätzer zu belehren und zu warnen. Die Belehrung des Schätzers über seine Berufspflicht wird sich hauptsächlich auf die Vorschriften der §§ 17—21 SchA. erstrecken. In dem Beeidigungsprotokoll ist festzustellen, daß der Schätzer nach Maßgabe des § 6 Abs. II und III belehrt worden ist, § 7 SchA.; s. a. Anm. 5.

5. S. Anm. 4. Die Haftung gemäß Art. 88 AG. BGB. verlangt folgendes:

a) Es muß ein zur amtlichen Feststellung des Wertes von Grundstücken mit Rücksicht auf die Sicherheit von Hypotheken, Grundschulden oder Rentenschulden bestellter Schätzer, also ein ständiger oder besonderer Schätzer, im Sinne der §§ 1 ff. SchA. die ihm obliegende Berufspflicht (§§ 17—21 SchA.) verletzt haben (s. Bem. zu §§ 1—3).

b) Der Schätzer muß vorsätzlich oder aus Fahrlässigkeit gehandelt haben [wegen der Begriffe „vorsätzlich" und „fahrlässig" s. Fischer-Henle BGB. § 276 Anm. 3, 4 und 5, Kleinen Staudinger § 276 Anm. 3 und 4 und § 276 I BGB. Vorsatz wird selten vorkommen und schwer nachzuweisen sein, da jede Schätzung auf subjektivem Ermessen beruht. Auch den Nachweis einer fahrlässigen Schätzung wird man in vielen Fällen nicht erbringen können, deshalb ist die praktische Bedeutung des Art. 88 AG. BGB. auch eine geringe].

c) Es muß sich um eine amtliche Schätzung gemäß Art. 87 I S. 1 AG. BGB. und §§ 12 ff. SchA. gehandelt haben (Gegensatz: nichtamtliche und sonstige Schätzungen, §§ 29, 30 SchA.).

d) Dem Hypotheken-, Grundschuld- oder Rentenschuldgläubiger muß infolge Verletzung der Berufspflicht ein Schaden erwachsen sein. Hier muß zwischen vorsätzlicher und fahrlässiger Verletzung der Berufspflicht unterschieden werden. Bei vorsätzlicher Verletzung kann sich der Gläubiger ohne weiteres, d. h. ohne daß er auf andere Weise Ersatz zu erlangen sucht (z. B. von dem Grundstückseigentümer), an den Schätzer halten. Bei fahrlässiger Verletzung haftet er erst, wenn die anderen Schuldner dem Gläubiger keinen Ersatz gewähren können (Art. 88 S. 2 AG. BGB., s. a. § 839 I S. 2 BGB.).

Wenn die Voraussetzungen unter a—d zutreffen, hat der Schätzer dem Hypotheken-, Grundschuld- oder Rentenschuldgläubiger den entstandenen Schaden zu ersetzen. Gleichgültig ist hiebei, ob der Schätzer den Auftrag zur Schätzung vom Eigentümer oder vom Hypothekengläubiger erhalten hat. Hat er ihn vom Hypothekengläubiger erhalten und angenommen, so haftet der Schätzer außer nach Art. 88 AG. BGB. noch nach den Allgemeinen Vorschriften des bürgerlichen Rechts (s. u. und Anm. zu § 29). Es hat also der Schätzer, nicht etwa der Staat oder die Gemeinde (§ 839 BGB., Art. 77 EG. BGB. und Art. 60 AG. BGB.) — der Schätzer ist kein Beamter des Staates oder der Gemeinde s. a. § 1 Anm. 4 — den Schaden zu ersetzen.

Es fragt sich nun, von welchem Zeitpunkt an haftet der Schätzer dem Gläubiger gemäß Art. 88 AG BGB. Zur Belastung eines Grundstücks mit einer Hypothek (§§ 1113 ff.), Grundschuld (§§ 1191 ff.) oder Rentenschuld (§§ 1199 ff.) BGB. ist gemäß § 873 BGB. erforderlich: 1. die Einigung des bisher Berechtigten und des anderen Teiles über den Eintritt der Rechtsänderung, und 2. die Eintragung der Rechtsänderung im Grundbuche. Gegenüber dem Gläubiger, zu dessen Gunsten die

Schätzung von dem Grundstückseigentümer verlangt wurde, besteht also die Haftung des Schätzers nicht schon z. B. zur Zeit der Hingabe des Darlehens, also in dem Zeitpunkte, wo das Kausalgeschäft abgeschlossen wurde, sondern sie entsteht erst mit der Einigung bzw. der Eintragungsbewilligung des Verfügungsberechtigten (formelles Konsenzprinzip! § 19 GBO. und Staudinger BGB. § 873 Anm. IV) und der Eintragung des dinglichen Rechtes in das Grundbuch. Die Haftung des Schätzers besteht nicht nur dem Gläubiger gegenüber, zu dessen Gunsten bei der Hingabe des Darlehens die Schätzung vorgenommen wurde, sondern auch gegenüber allen spätern Hypothek-, Grund- und Rentenschuldgläubigern, die im Vertrauen auf die von dem Schätzer vorgenommene Schätzung dem Grundstückseigentümer gegen dingliche Sicherheit Kredit gewährten.

Auch hier wird man bezüglich der Haftung zwischen vorsätzlicher und fahrlässiger Verletzung der Berufspflicht unterscheiden müssen (s. oben). Wenn der Schätzer von dem Gläubiger selbst den Auftrag zur Schätzung erhielt und annahm, dann haftet er von der Annahme des Auftrags an, ohne Rücksicht darauf, ob der Gläubiger ein dingliches Recht erhält oder nicht (s. unten). Die Haftung des Schätzers gegenüber dem Grundstückseigentümer bestimmt sich nach den Vorschriften des BGB. Es kommen hier neben den allgemeinen Grundsätzen über Verträge (§ 276 BGB.) insbesondere die Bestimmungen über den Dienstvertrag (§§ 611 ff. BGB.) und über den Dienstvertrag, der eine Geschäftsbesorgung zum Gegenstande hat (§ 675 BGB.), in Betracht. S. Bem. zu § 29 SchA.

Die Haftung des Schätzers ist bei den amtlichen wie nichtamtlichen Schätzungen dieselbe. Er haftet nur, wenn ihn der Grundstückseigentümer zur Schätzung beauftragte, und zwar wegen Außerachtlassung bzw. vorsätzlicher Verletzung der ihm auf Grund des mit dem Eigentümer geschlossenen Vertrags obliegenden Sorgfalt. Da in der Regel der Auftrag zur Schätzung vom Eigentümer ausgeht, so haftet bei den nichtamtlichen Schätzungen der Schätzer nur dem Eigentümer, nicht aber den Hypothekengläubigern. Anders bei den amtlichen Schätzungen (s. oben). Da aber der Eigentümer in den seltensten Fällen einen Schaden erleidet, wenn sein Grundstück zu hoch geschätzt und deshalb zu hoch belehnt wird, so ist die Haftung des Schätzers bei den nichtamtlichen Schätzungen eine sehr geringe.

6. S. Bemerkungen zu § 29 SchA.

7. Die Anzeige der Wohnsitzveränderung des Schätzers ist im Interesse einer raschen Erledigung der amtlichen Schätzungen nötig. Außerdem ist sie erforderlich, um die Vorschrift des § 81 Ziff. 3 SchA. beachten zu können, wonach die Ernennung zum Schätzer zurückzunehmen ist, wenn der Schätzer seinen Wohnsitz nach einem Orte außerhalb des Schätzerbezirks verlegt. (Wegen des Begriffs „wohnen" bzw. „Wohnsitz" s. § 4 Anm. 8.)

§ 7.

I Über die Beeidigung ist ein Protokoll[1] aufzunehmen. Im Protokolle ist festzustellen, daß der Schätzer nach Maßgabe des § 6 Abs. 2, 3 belehrt worden ist. Die Protokolle sind in einem Umschlage zu sammeln und fortlaufend zu numerieren.[2]

II Der ständige Schätzer erhält als Ausweis über seine Ernennung und Beeidigung eine Bestallung. Die Bestallung ist nach dem anliegenden Muster herzustellen. Mit der Bestallung ist dem Schätzer ein Auszug aus dieser Anweisung auszuhändigen.[3] Muster I

1. Wegen der Form des Beeidigungsprotokolls s. Formular (Anhang). Die Aufstellung und Beeidigung erfolgt stets durch den Richter (Grundbuchbeamten § 1 II SchA.). Dem Notar obliegt nur die Vernehmung des Schätzers. (§ 255 Geschäftsordnung für die Notariate, §§ 1 I, 13 II, 15, 22 SchA., Art. 15 a AG. GVG. in der Fassung des Art. 167 II AG. BGB.). Im übrigen s. Bemerkungen zu § 6 II und III. Das Protokoll braucht nicht in das allgemeine Beeidigungsregister eingetragen zu werden.

2. Es ist also nicht nötig, daß die Protokolle in einen festgebundenen Band (Protokollbuch) eingetragen werden.

3. Wie der Vormund (§§ 1791 ff., 1881, 1893 BGB.), so erhält auch der ständige Schätzer als Ausweis über seine Ernennung und Beeidigung eine Bestallung. Wegen der Form der Bestallung s. Muster I. Die Bestallung und der Auszug sind in einem Buchband vereinigt (ähnlich wie bei den Büchern für die Vormünder). Die Bestallung befindet sich auf Seite 1. Die übrigen 14 Seiten enthalten den Auszug aus der Schätzeranweisung und zwar die §§ 1—8, 12—32. Die Bestallung enthält in einer Fußnote folgenden Vermerk: „Mit der Zurücknahme der Ernennung zum Schätzer ist diese Bestallung an das Amtsgericht zurückzugeben."

Den besondern Schätzern (§ 3 II SchA.) braucht selbstverständlich eine Bestallung und ein Auszug nicht ausgehändigt zu werden, da sie immer nur für einen bestimmten Fall zum Schätzer ernannt werden. Ihre Tätigkeit als Schätzer ist mit der Abgabe des betreffenden Gutachtens (§ 23 II SchA.) beendigt.

§ 8.

I Die Ernennung zum Schätzer ist zurückzunehmen,[1]

1. wenn der Schätzer es beantragt,[2]
2. wenn er sich als unzuverlässig,[3] ungeeignet[4] oder unfähig zur Ausführung von Schätzungen[5] erweist,
3. wenn er eine der im § 4 Abs. 1 Nr. 1, 3, 4, 6 bezeichneten Eigenschaften verliert[6] oder wenn sonst wichtige Gründe für die Zurücknahme vorliegen.[7]

II In den Fällen der Nr. 2 und 3 soll[8] das Amtsgericht den Schätzer vorher hören. Die Anhörung kann unterbleiben, wenn sie untunlich ist.[9]

III Die Ernennung kann zurückgenommen werden, wenn der Schätzer das 65. Lebensjahr vollendet hat.[10]

IV Die Zurücknahme ist dem Schätzer, sofern dies nicht untunlich ist, bekannt zu machen;[11] dabei ist er zur Zurückgabe der Bestallung zu veranlassen.[12]

1. Wie die Ernennung und Beeidigung der Schätzer durch das Amtsgericht erfolgt (s. § 7 Anm. 1 und Bem. zu § 1), so kann auch die Ernennung zum Schätzer nur durch das Amtsgericht zurückgenommen werden. Die Zurücknahme erfolgt durch Beschluß (z. B. die Ernennung des Müllers Anton Schmid in Asbach, Hs.-Nr. 27, zum Schätzer wird auf seinen Antrag vom . . . gemäß § 8 Ziff. 1 SchA. zurückgenommen). Eine Zustellung des Beschlusses nach den Vorschriften über die Zustellung von Amts wegen an den Schätzer, dessen Ernennung zurückgenommen wurde, ist nicht nötig. Es genügt, wenn dem Schätzer mittels einfachen Briefes oder durch Behändigung ohne Beurkundung die Zurücknahme bekannt gemacht wird. Ob Bekanntmachung mittels Postkarte zuzulassen ist, hierüber entscheidet das Ermessen des Gerichts. Es wird hier darauf ankommen, aus welchem Grunde die Zurücknahme der Ernennung erfolgt, m. a. W., ob es für den Schätzer gleichgültig ist, wenn Dritte von dem Inhalte des auszuhändigenden Schriftstücks Kenntnis erhalten. Im übrigen s. Abs. IV. Dem Schätzer steht das Beschwerderecht an das Landgericht gegen die Zurücknahme der Ernennung mangels einer besondern Vorschrift nicht zu. Dagegen hat er das Recht, mit einer Beschwerde sich an die vorgesetzte Dienstaufsichtsstelle des Richters zu wenden (s. Einl. II A und Anm. 10).

2. Da ein Zwang zur Übernahme der Schätzerfunktion nicht ausgeübt werden kann, muß auch der freiwillige Rücktritt jederzeit gestattet werden. Die Ernennung zum Schätzer muß deshalb jederzeit vom Amtsgerichte zurückgenommen werden, wenn es der Schätzer beantragt, s. a. § 4 Ziff. 7.

3. Als „unzuverlässig" erweist sich der Schätzer, wenn er die ihm als Schätzer obliegenden Pflichten nicht getreu erfüllt und die ihm aufgetragenen Schätzungen nicht ohne Rücksicht auf die Person unparteiisch ausführt (§ 6 SchA.).

4. „Ungeeignet" kann ein an sich zur Ausführung von Schätzungen fähiger Schätzer sein, wenn er z. B. mit den örtlichen Verhältnissen des Bezirks nicht vertraut ist und infolgedessen seinen Schätzungen nicht die richtigen Werte zugrunde legt (§ 4 Ziff. 5 und §§ 17 ff. SchA.).

5. Als „unfähig" zur Ausführung von Schätzungen erweist sich ein Schätzer, wenn er die zur Abgabe sachgemäßer Schätzungen erforderlichen Kenntnisse nicht besitzt, oder wenn er körperliche Gebrechen hat, die ihn zur Bekleidung des Amtes eines Schätzers unfähig machen.

6. Wegen Verlusts der bayerischen Staatsangehörigkeit s. § 17 des Reichs- und Staatsangehörigkeitsgesetzes vom 22. Juli 1913, welches am 1. Januar 1914 in Kraft trat. Im übrigen s. Anm. 7, 8, 10 zu § 4.

7. Die Gründe zur Zurücknahme der Ernennung zum Schätzer sind in § 8 Ziff. 1—3 nicht erschöpfend aufgezählt. Vielmehr hat das

Amtsgericht das Recht, die Ernennung auch dann zurückzunehmen, wenn sonst wichtige Gründe für die Zurücknahme vorliegen. Ob ein sonstiger wichtiger Grund die Zurücknahme rechtfertigt, ist in das Ermessen des Gerichts gestellt. Liegen Gründe des § 8 Ziff. 1—3 SchA. vor, so **muß** das Amtsgericht die Ernennung zum Schätzer zurücknehmen. Anders im Falle des Abs. III des § 8 („kann").

8. Lediglich Ordnungsvorschrift, deren Verletzung nicht die Unwirksamkeit der Zurücknahme der Ernennung zur Folge hat. Der Richter muß sie aber beachten und einhalten. Durch diese Vorschrift soll dem Schätzer Gelegenheit zur Äußerung und damit die Möglichkeit gegeben werden, die für die Zurücknahme der Ernennung vorgebrachten Tatsachen als nicht begründet nachzuweisen. Durch die Vorschrift soll also etwaigen Beschwerden vorgebeugt werden. Denn jeder Schätzer wird seine Enthebung mehr oder weniger als eine Art Disqualifizierung auffassen. Dem Schätzer muß daher das Recht zustehen, zu erfahren, warum man ihn entheben will, und ein Recht, sich zu verteidigen.

9. Die Ordnungsvorschrift des S. 1 Abs. II erleidet dadurch eine Einschränkung. Die Anhörung kann zweckmäßigerweise unterbleiben, wenn sich ihr Schwierigkeiten entgegensetzen. Es kommen hier die Fälle in Betracht, wo es von vorneherein klar ist, daß der Schätzer für sein Amt unfähig ist, so z. B. wenn er wegen Geisteskrankheit entmündigt ist. In diesen und ähnlichen Fällen, z. B. bei Abwesenheit, kann die Anhörung unterbleiben. Grundsätzlich soll aber das Amtsgericht, soweit als möglich, den Schätzer vorher hören (s. Unzner im Bayerischen Landwirtschaftsrat, Sitzung vom 23. März 1909).

10. Im Gegensatz zu Abs. I des § 8 „kann" hier die Ernennung **zurückgenommen werden.** Die Zurücknahme ist in das Belieben des **Gerichts gestellt.** Weitere Gründe zur Zurücknahme als Vollendung des 65. **Lebensjahres brauchen** nicht vorzuliegen. Eine Beschwerde an das Landgericht gegen den **Beschluß,** der die Ernennung zurücknimmt, ist unzulässig. Auch wird hier im Gegensatz zu Ziff. 2 und 3 (s. Anm. 1) die vorgesetzte Dienstaufsichtsstelle den Richter nicht zur Aufhebung des Beschlusses anweisen können, da die Vorschrift des § 8 III dem Richter das Recht verleiht, bei Vollendung **des** 65. **Lebensjahres** ohne weiteres die Ernennung zurückzunehmen, eine Nachprüfung der Gründe durch die vorgesetzte Dienstaufsichtsstelle wie im Falle des § 8 Ziff. 2 und 3 daher ausgeschlossen ist. Im übrigen s. Anm. 1 zu § 8.

11. Ordnungsvorschrift, die aber von dem Gericht nicht unter allen Umständen beachtet werden muß. Die Bekanntmachung ist nicht nötig, wenn die Kenntnis von der Zurücknahme für den Schätzer kein Interesse hat (z. B. bei Geisteskrankheit des Schätzers), oder wenn die Bekanntmachung der Zurücknahme nicht ohne Weiterungen (z. B. unbekannter Aufenthalt des Schätzers) erfolgen könnte. Im übrigen s. Anm. 1 und 9 zu § 8.

12. In allen Fällen, in denen die Zurücknahme dem Schätzer bekannt gemacht wird, ist er auch zur Zurückgabe der Bestallung zu veranlassen. In den Fällen, in denen die Bekanntmachung, weil untunlich, unterblieb, wird der Richter eine Aufforderung zur Zurückgabe der Bestallung nur dann ergehen lassen müssen, wenn die Zurückgabe voraussichtlich auch erreicht werden kann. Im übrigen s. Anm. 9 und 11.

Eine Bestrafung des säumigen Schätzers (d. h. eines Schätzers, der die Bestallung nicht zurückgibt) durch Ordnungsstrafen oder in sonstiger Weise ist mangels gesetzlicher Vorschriften ausgeschlossen. Schon die Bestallung enthält den Vermerk (Fußnote): „Mit der Zurücknahme der Ernennung zum Schätzer ist diese Bestallung an das Amtsgericht zurückzugeben."

§ 9.

Die Ernennung und Beeidigung eines ständigen Schätzers (§ 7), sowie die Zurücknahme der Ernennung (§ 8) ist der Gemeindebehörde mitzuteilen.[1]

1. Vor der Ernennung eines ständigen Schätzers hat das Amtsgericht die Gemeindebehörde um Vorschläge zu ersuchen, § 5 SchA. Der Gemeindebehörde muß daher auch das Recht zukommen, zu erfahren, ob die von ihr vorgeschlagenen Personen zu Schätzern ernannt wurden. Ebenso ist ihr die Zurücknahme der Ernennung eines Schätzers mitzuteilen, schon deshalb, weil sie nach § 10 in gewissen Fällen die Zurücknahme der Ernennung bei dem Amtsgerichte anregen kann. Die Gemeindebehörde soll eben jederzeit darüber Kenntnis haben, welche Personen in dem Gemeindebezirke (Gemeindebezirk und Schätzerbezirk sind nicht identisch s. Anm. 3 zu § 2) als Schätzer aufgestellt sind. Denn sonst wäre sie auch nicht in der Lage, die ihr durch § 10 auferlegten Pflichten ordnungsgemäß zu erfüllen. Anderen Behörden (z. B. Landgericht, Rentamt, Versicherungskammer) braucht die Ernennung und Beeidigung sowie die Zurücknahme der Ernennung nicht mitgeteilt zu werden. Wenn mehrere Gemeinden zu einem Schätzerbezirk vereinigt sind, so müssen die Mitteilungen des § 9 an jede Gemeinde des Schätzerbezirks erfolgen. Mit der Mitteilung über die Zurücknahme der Ernennung wird zweckmäßigerweise die Aufforderung zum Vorschlag eines neuen Schätzers verbunden. Im übrigen s. Bemerkungen zu §§ 5, 7, 8 und 10. Eine Verpflichtung, die Ernennung und Zurücknahme öffentlich bekannt zu machen, besteht für die Gemeindebehörde nicht. Tut sie es aber, so handelt sie im allgemeinen Interesse, da die Schätzer auch ohne Inanspruchnahme des Gerichts zu Privatschätzungen herangezogen werden können.

§ 10.

I Stirbt ein Schätzer, so hat die Gemeindebehörde dies dem Amtsgericht unverzüglich anzuzeigen und dabei eine andere Person als Schätzer vorzuschlagen.[1] Wenn der Gemeindebehörde ferner Umstände in der Person eines Schätzers bekannt werden, welche nach § 8 Nr. 2 und 3 die Zurücknahme seiner Ernennung zum Schätzer geboten erscheinen lassen, so soll sie dem Amtsgerichte gleichfalls Anzeige erstatten.[2]

II Das Amtsgericht hat sodann nach den Vorschriften der §§ 4—7 zu verfahren.[3]

1. Da es für den Richter (§ 1 II SchA.) größtenteils unnützer Zeitaufwand wäre, müßte er die sämtlichen Todesfälle seines Bezirkes darauf prüfen, ob ein Schätzer gestorben ist, so wurde durch § 10 den Gemeindebehörden die Pflicht auferlegt, den Tod eines Schätzers unverzüglich dem Amtsgericht anzuzeigen. Daneben besteht allerdings für das Amtsgericht die Pflicht, durch periodische Anfragen (jährlich einmal) sich darüber zu vergewissern, ob Schätzer gestorben sind, § 11 IV. Damit nicht das Amtsgericht gemäß § 5 S. 1 SchA. durch ein besonderes Schreiben wiederum die Gemeindebehörde um Vorschläge ersuchen muß, besteht für die Gemeindebehörde die weitere Verpflichtung, gleichzeitig mit der Todesanzeige eine andere Person als Schätzer vorzuschlagen. Da der Gemeinde lediglich ein „Vorschlagsrecht" zusteht, so ist das Amtsgericht nicht verpflichtet, die vorgeschlagene Person auch zum Schätzer zu ernennen, s. Anm. 2 zu § 5.

2. Im Gegensatz zu S. 1, wonach für die Gemeindebehörde eine Anzeigepflicht besteht, wurde durch die Vorschrift des Satzes 2 der Gemeindebehörde nicht eine Aufsichts**pflicht** über die Schätzer in dem Sinne auferlegt, daß sie die Tätigkeit und das sonstige Verhalten der Schätzer ständig zu überwachen hätte. Da aber die Gemeindebehörde infolge der steten Fühlung mit den Bewohnern ihres Bezirks raschere Kenntnis von Fällen, in denen die Voraussetzungen des § 8 Ziff. 2 und 3 bei einem Schätzer gegeben sind, erhält als das Amtsgericht, so soll sie diesem hievon Anzeige erstatten. Die Gemeindebehörde hat also in mehrfacher Beziehung den Richter bei der Ernennung der Schätzer und Zurücknahme der Ernennung tunlichst zu unterstützen. Im übrigen s. Bem. 3—7 zu § 8.

3. S. Bem. zu §§ 4—7.

§ 11.

I Das Amtsgericht hat[1] ein Verzeichnis der Schätzerbezirke und der ständigen Schätzer (Schätzerliste) nach dem anliegenden Muster zu führen. Muster II.

II In der Schätzerliste erhält jeder Schätzerbezirk[2] ein eigenes Blatt; auf diesem sind alle für den Schätzerbezirk ernannten ständigen[3] Schätzer einzutragen.

III Das für einen Schätzerbezirk bestimmte Blatt erhält eine Überschrift, in welcher der Schätzerbezirk durch die Angabe des Namens des den Schätzerbezirk bildenden Grundbuchbezirks oder, wenn mehrere Grundbuchbezirke zu einem Schätzerbezirk vereinigt sind, durch die Namen aller dieser Grundbuchbezirke bezeichnet wird.[4] In der zweiten Längsspalte sind der Name, der Stand und der

Wohnort, nötigenfalls auch die Wohnung[5] des Schätzers, in der dritten Längsspalte der Tag der Beeidigung und die Nummer des Beeidigungsprotokolls[6] anzugeben.

IV Die Schätzerliste ist bei dem Eintritte von Änderungen zu berichtigen und zu ergänzen.[7] Das Grundbuchamt[8] hat sich jährlich einmal durch Umfrage bei den Gemeindebehörden darüber zu vergewissern, ob nicht ein Schätzer gestorben ist und ob nicht Veränderungen in der Person und in den Verhältnissen des Schätzers eingetreten sind, welche die Zurücknahme der Ernennung rechtfertigen. Ist ein Schätzer gestorben oder wird die Ernennung zurückgenommen, so ist die Eintragung in der zweiten Spalte zu durchstreichen und der Grund hiefür in der vierten Spalte zu vermerken.

V Ist die Schätzerliste unübersichtlich geworden, so ist sie neu anzulegen.[9]

VI Jedem Notariate des Amtsgerichtsbezirkes ist eine Abschrift der Schätzerliste zu übersenden.[10] Ferner sind den Notariaten alle Berichtigungen, Ergänzungen und Durchstreichungen bekannt zu machen. Die Notare haben auf Grund dieser Bekanntmachungen die entsprechenden Berichtigungen, Ergänzungen und Durchstreichungen in der Abschrift der Schätzerliste vorzunehmen.[11] Wird bei dem Amtsgerichte die Schätzerliste neu angelegt, so ist den Notariaten eine Abschrift der neuen Schätzerliste zu übersenden.

VII Die Einsichtnahme der Schätzerliste ist jedem gestattet.[12]

1. Eine Schätzerliste **muß** bei jedem Amtsgericht geführt werden.

2. Wegen des Begriffs „Schätzerbezirk" s. Anm. 1—4 zu § 2. In der Muster-Schätzerliste ist der ausmärkische Grundbuchbezirk Forstbezirk Asbach mit dem Grundbuchbezirk Asbach zu einem Schätzerbezirk vereinigt, § 2 II S. 2 SchA. Werden kleine Grundbuchbezirke mit einem oder mehreren angrenzenden Grundbuchbezirken zu einem Schätzerbezirk vereinigt (§ 2 II S. 3 SchA.), so sind in der Überschrift des für diesen Schätzerbezirk bestimmten Blattes die Namen der sämtlichen Grundbuchbezirke aufzuführen (§ 11 III SchA.). Jeder Schätzerbezirk erhält in der Schätzerliste ein eigenes Blatt, nicht etwa nur eine Querspalte.

3. S. Anm. 5 zu § 1. Die „besonderen" Schätzer (§ 3 II und 23 I SchA.) werden nur für einen bestimmten Fall zugezogen und beeidigt. Ihre Tätigkeit als Schätzer ist mit der Abgabe des Gutachtens beendigt. Ein Verzeichnis der besonderen Schätzer braucht deshalb nicht geführt zu werden, s. aber § 5 SchA. und Anm. 5 zu § 3. (Aufzählung der Schätzer in der Schätzerliste nach verschiedenen Klassen.)

4. S. Anm. 2 und § 2 II SchA. und Bem. hiezu.

5 Hs.-Nr. bei kleineren, Straße und Hs.-Nr. bei größeren Schätzerbezirken.

6. S. § 7 SchA.

7. Die Berichtigung und Ergänzung erfolgt in der Weise, daß bei dem Schätzer, der gestorben ist, oder dessen Ernennung zurückgenommen wurde, die Eintragung in der zweiten Abteilung durchstrichen und der Grund hiefür („gestorben" oder „Ernennung zurückgenommen") in der vierten Spalte vermerkt wird, während der Name des neuen Schätzers unter der nächsten fortlaufenden Nummer in der Weise, wie es § 11 III S. 2 vorschreibt, in die Schätzerliste eingetragen wird.

8. Unter „Grundbuchamt" ist der Grundbuchbeamte zu verstehen, dem (wenn das Amtsgericht mit mehreren Amtsrichtern besetzt ist) die auf die Bestellung und Beeidigung der Schätzer sowie die amtliche Feststellung des Wertes von Grundstücken sich beziehenden Geschäfte zugeteilt wurden, s. § 1 II SchA. und Anm. 7—9 zu § 1. Auf die periodische Nachprüfung der Schätzerliste ist das größte Gewicht zu legen. Durch die jährliche Anfrage soll vermieden werden, daß in einem Schätzerbezirk nicht die genügende Anzahl Schätzer (weniger als drei § 3 I S. 1 SchA.) vorhanden ist. Da Gemeindebehörden manchmal ihrer Anzeigepflicht nach § 10 nicht genügen, so soll der Fehler durch die jährliche Anfrage des Amtsgerichts wieder gut gemacht werden. Diese Anfragen nehmen nicht viel Zeit in Anspruch, wenn sich der Grundbuchbeamte bestimmter Vordruckpapiere bedient.

9. Da mit dem Inkrafttreten der Schätzeranweisung (1. Oktober 1909 § 13 SchA.) von jedem Amtsgericht eine neue Schätzerliste angelegt wurde und Änderungen der Schätzerliste im allgemeinen sich wenig ergeben, so wird bis jetzt noch kein Amtsgericht in die Lage gekommen sein, gemäß Abs. V die Schätzerliste neu anzulegen.

10. Die Vorschrift besteht mit Rücksicht auf die §§ 13 II und III und 22 SchA., wonach dem Notar die Auswahl und Vernehmung der Schätzer neben dem Amtsgericht zusteht, s. a. Art. 87 AG. BGB. und § 64 NotGeschO.

11. S. Anm. 10. Die Vorschriften sind also im eigenen Interesse der Notare erlassen.

12. Dieselbe Vorschrift wie für die Einsicht des Handelsregisters und der zum Handelsregister eingereichten Schriftstücke, § 9 I HGB. (anders nach § 11 GBO. Einsicht des Grundbuchs). Ein berechtigtes Interesse braucht also nicht dargelegt werden. Denn es ist nahezu vollständig ausgeschlossen, daß jemand die Schätzerliste einsieht, der kein Interesse an der Einsichtnahme hat. Gegen Vergütung der Schreibgebühren kann auch die Namhaftmachung der Schätzer verlangt werden.

2. Das Schätzungsverfahren.[1]

§ 12.

I Die amtliche Feststellung des Wertes eines Grundstücks mit Rücksicht auf die Sicherheit von Hypotheken, Grundschulden oder Rentenschulden[2] erfolgt nur auf Antrag des Eigentümers[3] des Grundstücks.

II Der Antrag kann schriftlich[4] oder mündlich[5] an das Amtsgericht, in dessen Bezirk das Grundstück liegt, oder an einen Notar, der seinen Amtssitz in diesem Amtsgerichtsbezirke hat,[6] gestellt werden. Mit dem Antrage soll[7] ein dem neuesten Stande entsprechender Auszug aus dem Grundsteuerkataster,[8] ein Zeugnis über die Belastung mit Bodenzinsen[9] und, wenn der Wert eines Gebäudes festgestellt werden soll, auch die Aufnahmsurkunde der Versicherungskammer, Abteilung für Brandversicherung, oder ein Auszug aus dem Grundbuche der Versicherungskammer[10] vorgelegt werden. Ist das Grundstück vermietet oder verpachtet, so hat der Antragsteller die Miet- oder Pachtzinse anzugeben.[11]

III In dem Antrage soll das zu schätzende Grundstück möglichst genau oder durch Hinweisung auf den Auszug aus dem Grundsteuerkataster oder auf das Grundbuchblatt bezeichnet werden.[12]

IV Der Grundsteuerkatasterauszug ist mit dem Grundbuch zu vergleichen.[13]

V Hat der Antrag Mängel, so soll zunächst auf deren Hebung hingewirkt werden.[14]

VI Wird der Antrag mündlich gestellt, so ist darüber ein Protokoll aufzunehmen.[15]

1. S. Einl. II B.

2. S. Anm. 1 zu Abschnitt I S. 7.

3. Das amtliche Schätzungsverfahren im Sinne der §§ 12—27 SchA. setzt stets einen **Antrag** voraus. **Von Amts wegen** wird das Amtsgericht bzw. der Notar nicht tätig. (Ausnahme von § 12 FGG., der gemäß Art. 129 AG. BGB. Anwendung zu finden hätte, s. Einl. II B.). Dies rechtfertigt sich damit, daß der Eigentümer auf Grund des § 29 SchA. die Möglichkeit hat, den Wert des Grundstücks ohne Mitwirkung des Gerichts oder Notars schätzen zu lassen. Außerdem steht bei jeder Schätzung das Privatinteresse des Grundstückseigentümers im Vordergrunde, so daß es unbillig wäre, ihm eine amtliche Schätzung aufzudrängen.

Antragsberechtigt ist nur der Eigentümer des Grundstücks (Art. 87 AG. BGB.), nicht etwa auch der Gläubiger, wie nach früherem Recht (s. § 14 Instr., § 12 Schätzerinstr. und §§ 12, 13 HypG.). Der Gläubiger kann aber seine Rechte dadurch wahren, daß er in seine Bedingungen aufnimmt, daß er sich nach der Darlehenshingabe Schätzungen vorbehalte. Oder es kann der Gläubiger kündigen, wenn er glaubt, daß seine Forderung nicht mehr gedeckt ist, und der Schuldner nicht eine neue Schätzung veranlaßt. Eigentümer des Grundstücks im Sinne des Abs. I und antragsberechtigt ist im allgemeinen nur der „Bucheigentümer", d. h. derjenige, der im Grundbuche als Eigentümer des Grundstücks eingetragen ist. Auch wenn im Grundbuch ein Widerspruch zugunsten des wahren, aber nicht eingetragenen Eigentümers eingetragen ist (§§ 892, 894, 899 BGB., §§ 935 ff. ZPO.), kann dieser die amtliche Feststellung des Wertes des Grundstücks nicht beantragen und zwar schon um deswillen nicht, weil er über das Grundstück nicht rechtswirksam verfügen, es also auch nicht mit Hypotheken, Grundschulden oder Rentenschulden belasten kann. [Die Eintragung der Belastung müßte das Grundbuchamt zurückweisen (§ 891 BGB., §§ 40 und 18 GBO.). Mit der Eintragung in das Grundbuch wird aber die Belastung erst wirksam (§ 873 BGB.)] Der allgemeine Grundsatz, daß nur der Bucheigentümer antragsberechtigt ist, erleidet jedoch Ausnahmen, s. hierüber Anm. 13.

4 § 126 BGB. und § 13 FGG. in Verbindung mit Art. 129 AG. BGB. Vertretung durch Bevollmächtigte ist zulässig. Für die Vollmacht ist keine bestimmte Form vorgeschrieben. Es liegt im Ermessen des Gerichts, ob es einen besondern Nachweis der Vollmacht verlangen will. Es kann davon absehen, wenn nach den tatsächlichen Verhältnissen anzunehmen ist, daß Bevollmächtigung vorliegt. Von der Vorschrift des § 13 S. 3 FGG. (Nachweis der Bevollmächtigung durch eine öffentlich beglaubigte Vollmacht) wird das Gericht nur in den Fällen Gebrauch machen, in denen es sich durch die einfache Vollmacht von der Bevollmächtigung nicht überzeugen kann (s. a. Keidel FGG. § 13 Anm. 3).

5. Zum Protokoll des Gerichtsschreibers des zuständigen Gerichts oder des Gerichtsschreibers eines Amtsgerichts (§ 11 FGG. in Verbindung mit Art. 129 AG. BGB.). Auch der Richter (Grundbuchbeamte § 1 II SchA.) und der Notar, an die der Antrag gestellt wird, kann das Protokoll aufnehmen (§ 12 VI und II SchA.).

6. **Sachlich** zuständig ist ausschließlich das Amtsgericht bzw. der Notar. **Örtlich** zuständig ist das Amtsgericht, in dessen Bezirk das Grundstück liegt, oder der Notar, der seinen Amtssitz in diesem Amtsgerichtsbezirke hat. Wenn sich das Grundstück in den Bezirk mehrerer Amtsgerichte erstreckt, so ist das Amtsgericht bzw. der Notar zuständig, das zuerst in dem Schätzungsverfahren tätig wurde (§ 4 FGG. und Art. 129 AG. BGB.). (§ 5 FGG. kommt nicht zur Anwendung, da nicht Streit oder Ungewißheit über die Zuständigkeit besteht, sondern eine mehrfache Zuständigkeit gegeben ist, s. Keidel § 164 Anm. 2; s. a. § 13 IV S. 2 SchA.)

Maßgebend für die Zuständigkeit ist der Zeitpunkt, in dem das Amtsgericht und der Notar in dem Schätzungsverfahren tätig werden. Dieses Amtsgericht und dieser Notar bleiben für die Durchführung des

Verfahrens zuständig, auch wenn nachträglich infolge einer Änderung der Grenzen des Amtsgerichtsbezirks das Grundstück nicht mehr im Amtsgerichtsbezirk liegt.

Auch eine unter Leitung eines örtlich unzuständigen Gerichts oder Notars vorgenommene Schätzung ist eine gültige amtliche Schätzung (§ 7 FGG. und Art. 129 AG. BGG.). Da in dem Schätzungsverfahren Gegner des Antragsstellers nicht vorhanden sind, so ist es ausgeschlossen, daß durch Vereinbarung der Beteiligten ein an sich unzuständiges Gericht zuständig wird (Keidel FGG. § 164 Anm. 2, § 38 ZPO., s. a. § 164 I S. 2 FGG.).

7. Ordnungsvorschrift. Bei Nichtbeachtung darf der Antrag nicht zurückgewiesen werden. Es soll vielmehr auf Hebung der Mängel hingewirkt werden, Abs. V.

8. S. §§ 159—178, 327—332 DAnw.

9. Art. 18 Grundentlastungsfortsetzung (Ges. vom 2. Februar 1898). (S. a. Ges. vom 4. Juni 1848 die Aufhebung der standes- und gutsherrlichen Gerichtsbarkeit, dann die Aufhebung, Fixierung und Ablösung der Grundlasten betr.; Ges. vom 28. April 1872 die Grundentlastung betr. und Ges. vom 2. Februar 1898 die Fortsetzung der Grundentlastung betr.).

10. S. Art. 25 und 26 BrandVersG. vom 3. April 1875.

11. Die Miet- und Pachtzinse muß der Antragsteller angeben, da sie sachdienliche Anhaltspunkte für die Wertsbestimmung des Grundstücks geben (§ 18 II SchA.). Ist die Angabe der Miet- oder Pachtzinse dem Antragsteller nicht möglich, so wird das Amtsgericht bzw. der Notar den Antrag nicht zurückweisen, sondern die Schätzer anweisen, sich deshalb an den Eigentümer zu wenden.

12. Ähnliche Vorschrift wie die des § 28 GBO. Durch die Vorschrift des Abs. III soll vermieden werden, daß ein falsches Grundstück geschätzt wird. Die Angabe der Plannummer ohne weitere Beschreibung, d. h ohne Angabe des Flächeninhalts, der Benennung und Kulturart genügt in jedem Falle, da § 28 GBO. ebenfalls nicht mehr verlangt, s. a. § 126 DAnw. und § 2 II GBO. Wenn ein Grundsteuerkatasterauszug mit dem Antrage vorgelegt wird, so genügt die Angabe der Hs.-Nr., wenn im übrigen zur Bezeichnung der Grundstücke auf den Auszug hingewiesen wird. Der Hinweis auf das Grundbuchblatt erfolgt durch Angabe der Steuergemeinde, des Bandes und der Nummer des Grundbuchblattes. Ist das Grundstück nicht genügend im Sinne des Abs. III bezeichnet, so soll auf Hebung des Mangels hingewirkt werden. Abs. V.

13. S. §§ 327—332 DAnw. Für die Frage, ob der Antragsteller als Eigentümer des Grundstücks im Sinne des Abs. I antragsberechtigt ist, ist im allgemeinen die Eintragung des Eigentümers im Grundbuch entscheidend (s Anm. 3 zu § 12). Hat z. B. der Antragsteller aus seinem Grundbesitz ein Grundstück veräußert, und ist der Erwerber als Eigentümer dieses Grundstücks im Grundbuch bereits eingetragen, die Katasterausschreibung aber noch nicht erfolgt, weil hiezu die vorherige Eintragung der Rechtsänderung in das Grundbuch erforderlich ist (§ 328 DAnw., §§ 873, 925 BGB.), so fehlt dem Veräußerer die Berechtigung zur Stellung des Antrags auf Feststellung des Wertes des veräußerten Grundstücks. Antragsberechtigt ist in diesem Falle nur der neue Eigentümer, auch wenn der Grundsteuerkatasterauszug noch den Veräußerer als Eigentümer bezeichnen sollte.

Als Ausnahme von der oben aufgestellten Regel sind die Fälle zu behandeln, in denen mit einem bestimmten Ereignis, z. B. dem Tode einer Person das Grundbuch hinsichtlich der Eigentumsverhältnisse unrichtig wird (z. B. §§ 1922, 1483 BGB., §§ 36, 22 GBO.) und die Katasterumschreibung früher erfolgte als die Berichtigung des Grundbuchs. (Der Nachlaßrichter teilt z. B. der Messungsbehörde eine Abschrift des Erbscheins mit. Daraufhin erfolgt die Katasterumschreibung.) In diesen Fällen wird dem neuen Eigentümer ein Antragsrecht zukommen, auch wenn das Grundbuch noch nicht berichtigt ist, sei es, daß der Antrag auf Berichtigung des Grundbuchs noch nicht gestellt, oder daß zwar der Antrag gestellt, die Berichtigung des Grundbuchs vom Grundbuchbeamten aber wegen entgegenstehender Hindernisse bisher nicht vollzogen wurde.

Verschieden hievon ist der Fall, in dem Grundsteuerkatasterauszug und Grundbuch nicht den wahren Eigentümer angeben, von ihm aber jederzeit die Unrichtigkeit des Grundbuchs (und Grundsteuerkatasterauszugs) durch öffentliche oder öffentlichbeglaubigte Urkunden nachgewiesen werden kann (z. B. durch Vorlage der Ausfertigung eines rechtskräftigen Urteils, in dem die Unrichtigkeit des Grundbuchs festgestellt und der Bucheigentümer zur Einwilligung in die Berichtigung des Grundbuchs verurteilt wird). Hier wird der wahre Eigentümer insolange nicht antragsberechtigt sein, als er nicht als Eigentümer in das Grundbuch (bzw. Grundsteuerkataster) eingetragen ist, weil noch von keiner Behörde, weder von dem Grundbuchamt durch Eintragung des Eigentums noch von der Messungsbehörde durch Katasterumschreibung das Eigentum festgestellt ist, das Amtsgericht bzw. der Notar aber zu einer selbständigen Feststellung des Eigentums weder berechtigt noch verpflichtet ist.

Der Amtsrichter bzw. der Notar muß nach Eingang des Antrags den Grundsteuerkatasterauszug mit dem Grundbuch vergleichen. Ergibt sich eine Verschiedenheit zwischen Grundsteuerkatasterauszug und Grundbuch hinsichtlich des Flächeninhalts, der Benennung und Kulturart des Grundstücks, so darf deshalb der Antrag nicht zurückgewiesen werden. Der Richter bzw. der Notar muß vielmehr um rechtzeitige Behebung der Mängel besorgt sein. Der Richter hat schon in seiner Eigenschaft als Grundbuchbeamter (§ 1 II SchA.) die Verpflichtung, die Übereinstimmung zwischen dem Grundsteuerkataster und dem Grundbuch herbeizuführen (§§ 329 ff. DAnw.).

14. Eine sofortige Zurückweisung des Antrags darf also nicht erfolgen.

15. S. Anm. 5. Wegen der Form des Protokolls s. Formular. Die Anträge sind den einzelnen Schätzungsprotokollen als Anlagen beizufügen.

§ 13.

I Die Schätzung ist von zwei [1] Schätzern vorzunehmen.

II Die Auswahl [2] der Schätzer für den einzelnen Fall steht dem Amtsgericht oder dem Notar zu; sie soll [3] aus den für den Bezirk [4] ernannten Schätzern getroffen werden.

III Das Amtsgericht oder der Notar können [5] einen Schätzer auch zur Vornahme einer Schätzung von Grundstücken eines anderen Schätzerbezirkes bestimmen, wenn die für diesen Bezirk ernannten Schätzer an der Vornahme der Schätzung verhindert sind (vgl. insbesondere den § 14) [6] oder, wenn wegen der Beschaffenheit des Grundstücks die Beiziehung eines für die Wertsbestimmung besonders sachkundigen Schätzers eines anderen Bezirks angezeigt ist. [7]

IV Liegt der abzuschätzende Grundbesitz in mehreren Schätzerbezirken, so können [8] die Schätzer, in deren Bezirk das Hauptanwesen [9] liegt, auch für die Schätzung der übrigen Grundstücke bestimmt werden. Dieses gilt auch dann, wenn die Grundstücke in den Bezirken verschiedener Amtsgerichte [10] liegen.

1. Um eine möglichst richtige Schätzung zu erhalten, **muß** jede amtliche Schätzung von **zwei** Schätzern vorgenommen werden (s. a. § 25 SchA.). Bei den nichtamtlichen Schätzungen ist die Auswahl und die Zahl der Schätzer dem Belieben der Beteiligten überlassen § 29 SchA.

2. Da nach Art. 87 I S. 3 AG. BGB. (s. a. §§ 22 ff. SchA.) die Vernehmung auch durch einen Notar erfolgen **kann**, so räumte die Schätzeranweisung zugleich dem Notar das Recht ein, auch die Schätzer für die unter seiner Leitung vorgenommenen Schätzungen zu bestimmen. Amtsgericht und Notar sind bei der Auswahl der Schätzer an etwaige Vorschläge des Antragstellers nicht gebunden (s. a. § 14 SchA.). Eine Beschwerde des Antragstellers (an das Landgericht) wegen Beeinträchtigung seines Rechts infolge Nichtberücksichtigung seiner Vorschläge wäre als unbegründet zu verwerfen, da durch die von dem Gericht bzw. dem Notar vorgenommene Auswahl der Schätzer kein Recht des Antragstellers verletzt wird (§ 20 FGG., Art. 129 AG. BGB. und Keidel FGG. § 20 Anm. 2). Anders ist es bei Verletzung der Vorschrift des § 14 SchA. durch das Gericht oder den Notar. Hier hat der Antragsteller ein Recht darauf, daß § 14 bei dem Schätzungsverfahren beachtet wird. Eine Beschwerde des Antragstellers kann daher auch begründet sein, s. Bem. zu § 14.

3. Ordnungsvorschrift, deren Verletzung nicht eine unwirksame Schätzung zur Folge hat (§ 7 FGG. und Art. 129 AG. BGB.). Dagegen ist ein Beschwerderecht des Antragstellers an das Landgericht zulässig; denn auch auf Einhaltung von Sollvorschriften besteht ein Recht (§ 20 FGG., Art. 129 AG. BGB. und Keidel FGG. § 20 Anm. 3) s. a. Anm. 2.

4. S. § 2 Anm. 3 und § 11 SchA.

5. Freies Ermessen des Amtsgerichts bzw. des Notars, aber Beschwerderecht des Antragstellers an das Landgericht, da auch bei Verletzung einer Ermessensvorschrift ein Recht im Sinne des § 20 FGG. beeinträchtigt wird (Keidel FGG. § 20 Anm. 3), s. a. Anm. 2 und 3 zu § 13 SchA. (Zur Begründung des Beschwerderechts genügt die **Behauptung** der Beeinträchtigung eines Rechts. Die Prüfung der Legitimation erstreckt sich nur auf diese Frage. Im Falle ihrer Verneinung wird die Beschwerde als **unzulässig** verworfen. Andernfalls ist die Beschwerde sachlich zu würdigen und als **unbegründet** abzuweisen, falls die sachliche Prüfung dies ergibt.)

6. S. Bemerkungen zu § 14 SchA.

7. Z. B. bei Grundstücken, die industriellen Zwecken dienen, s. a. Anm. 6 zu § 3.

8. S. Anm. 5.

9. Das Hauptanwesen wird in der Regel die übrigen Anwesen an Flächengröße übertreffen. Daneben wird aber für den Begriff „Hauptanwesen" der Umstand bestimmend sein, ob von ihm aus die Bewirtschaftung der übrigen Anwesen geleitet und beaufsichtigt wird.

10. S. Anm. 6 zu § 12.

§ 14.

I Ein Schätzer soll [1] zur amtlichen Feststellung des Wertes eines Grundstücks nicht beigezogen werden [2]

1. in Sachen, in denen er selbst beteiligt ist [3] oder in denen er zu einem Beteiligten in dem Verhältnis eines Mitberechtigten oder Mitverpflichteten steht, [4]
2. in Sachen seiner Verlobten [5] oder seiner Ehefrau, auch wenn die Ehe nicht mehr besteht, [6]
3. in Sachen einer Person, mit der er in gerader Linie oder im zweiten Grade der Seitenlinie verwandt oder verschwägert ist, [7]
4. in Sachen, in denen er als Vertreter eines Beteiligten bestellt [8] oder als gesetzlicher Vertreter eines Beteiligten aufzutreten berechtigt ist, [9]
5. wenn andere Umstände vorliegen, die geeignet sind, seine Unparteilichkeit bei der Schätzung zu beeinflussen. [10]

II Der Schätzer ist, wenn einer der im Abs. 1 bezeichneten Hinderungsgründe vorliegt, verpflichtet, das Amtsgericht oder den Notar hierauf aufmerksam zu machen. [11]

1. Beschwerderecht des Antragstellers an das Landgericht bei Verletzung der Vorschrift des § 14 (§ 20 FGG., Art. 129 AG. BGB. und Keidel FGG. § 20 Anm. 3), s. a. Anm. 2 zu § 13.

2. Die Vorschrift des § 14 entspricht der Vorschrift des § 6 FGG., wonach ein Richter von der Ausübung des Richteramts kraft Gesetzes ausgeschlossen ist (s. a. § 41 ZPO.). Ein Unterschied besteht nur insofern, als nach Ziff. 2 der Schätzer auch in Sachen seiner „Verlobten" nicht beigezogen werden soll und Ziff. 5 ergänzend und allgemein bestimmt, daß ein Schätzer auch in anderen als den in Ziff. 1—4 genannten Fällen nicht als Schätzer berufen werden soll, wenn Umstände vorliegen, die geeignet sind, seine Unparteilichkeit bei der Schätzung zu beeinflussen. Im übrigen s. Bem. zu Ziff. 5. Dagegen ist der Eigentümer des Grundstücks nicht allgemein berechtigt, einen Schätzer wegen Besorgnis der Befangenheit abzulehnen, da durch die Vorschrift des § 14 seine Rechte genügend gewahrt werden.

3. Selbst beteiligt ist ein Schätzer, wenn er Eigentümer des Grundstücks ist, dessen Wert festgestellt werden soll, oder wenn zu seinen Gunsten der Wert des Grundstücks ermittelt wird, weil für ihn von dem Grundstückseigentümer eine Hypothek, Grundschuld oder Rentenschuld bestellt werden soll.

4. Die zweite Alternative der Ziff. 1 trifft zu, wenn der Schätzer Mitglied einer Gesellschaft im Sinne des BGB., einer offenen Handelsgesellschaft, Kommanditgesellschaft, Genossenschaft ist, deren Grundstück amtlich geschätzt werden oder zu deren Gunsten die Wertsermittlung erfolgen soll, weil für sie von dem Grundstückseigentümer eine Hypothek, Grundschuld oder Rentenschuld bestellt werden soll, s. a. Anm. 3. Ob S. 2 der Ziff. 1 auch zutrifft, wenn der Schätzer Aktionär einer im obigen Sinne beteiligten Aktiengesellschaft oder Kommanditgesellschaft auf Aktien oder Gesellschafter einer Gesellschaft mit beschränkter Haftung ist, ist bestritten (Keidel verneint es, s. FGG. § 6 Anm. 3a).

5. Unterschied von § 6 FGG. s. Anm. 2. Ob Verlöbnis vorliegt, ist Frage des einzelnen Falles. Das Verlöbnis ist an keine Form gebunden. Im übrigen s. Fischer-Henle BGB. zu § 1297 und Kleinen Staudinger unter „Verlöbnis" vor § 1297.

6. Wenn das Verlöbnis gelöst wurde, die Ehe also nicht vollzogen worden ist, so besteht ein Hinderungsgrund im Sinne des § 14 Ziff. 2 nicht, da ein pekuniäres Interesse des Schätzers in diesem Falle kaum mehr in Frage kommt. Anders wenn die Ehe nicht mehr besteht. Als nicht mehr bestehend gilt die Ehe, wenn sie durch Scheidung aufgelöst wurde (§§ 1564 ff. BGB.). Eine wegen Formmangels (§§ 1317, 1324 BGB.) nichtige und nicht in das Heiratsregister eingetragene Ehe ist überhaupt keine Ehe, begründet also keinen Hinderungsgrund nach § 14 Ziff. 2. Ist die Ehe aus einem andern Grunde als wegen Formmangels nichtig, so besteht eine Ehe, solange die Nichtigkeitserklärung nicht durch Urteil erfolgt ist. Strittig ist hier, ob das Urteil deklaratorische Wirkung hat, also feststellt, daß eine Ehe überhaupt nicht bestanden hat oder ob es lediglich bewirkt, daß eine Ehe nicht mehr besteht Das gleiche gilt für eine anfechtbare Ehe (§ 1343 BGB.). (S. Keidel FGG. § 6 Anm. 3b. Nach Keidel hat in beiden Fällen, bei der nichtigen wie anfechtbaren Ehe, das Urteil deklaratorische Wirkung.)

7. Verwandte in gerader Linie sind Personen, deren eine von der andern abstammt, also Aszendenten und Deszendenten. Ein uneheliches Kind und dessen Vater gelten nicht als verwandt (§ 1589 I S. 1 und II BGB.). Verwandtschaft in gerader Linie wird auch begründet durch Annahme an Kindes Statt (§§ 1757, 1762 BGB.), durch Legitimation durch nachfolgende Ehe (§ 1719 BGB.) und durch Ehelichkeitserklärung (§ 1737 BGB.). Die Kinder aus einer nichtigen oder angefochtenen Ehe gelten als ehelich, sofern nicht beide Ehegatten bei der Eheschließung die Nichtigkeit oder Anfechtbarkeit gekannt haben (§ 1699 I BGB.). Keine Verwandtschaft besteht dagegen zwischen Eltern und Kinder aus einer Ehe, die wegen Formmangels nichtig und nicht in das Heiratsregister eingetragen worden ist (§ 1699 II BGB. und Anm. 6). Zwischen dem unehelichen Kinde und seiner Mutter und deren Verwandten besteht Verwandtschaft (§ 1705 BGB). Personen, die nicht in gerader Linie verwandt sind, aber von derselben dritten Person abstammen, sind in der Seitenlinie verwandt. Der Grad der Verwandtschaft bestimmt sich nach der Zahl der sie vermittelnden Geburten (§ 1589 I S. 2 und 3 BGB.). Im zweiten Grade der Seitenlinie verwandt sind also Geschwister, gleichviel ob sie halbbürtig oder vollbürtig sind. Im übrigen s. Keidel FGG. § 6 Anm. 3c.

Die Verwandten eines Ehegatten sind mit dem andern Ehegatten verschwägert. Die Linie und der Grad der Schwägerschaft bestimmen sich nach der Linie und dem Grade der sie vermittelnden Verwandtschaft. Die Schwägerschaft dauert fort, auch wenn die Ehe, durch die sie begründet wurde, aufgelöst ist (§ 1590 BGB.).

Schwägerschaft in **gerader** Linie besteht mit den Verwandten des anderen Ehegatten in gerader Linie, also zwischen Eltern und Voreltern des einen Ehegatten und seinen einseitigen Abkömmlingen einerseits und dem anderen Ehegatten andrerseits (z. B. Schwiegereltern und -Kinder, Stiefeltern und -Kinder). Eine Beschränkung hinsichtlich des Grades der Schwägerschaft in **gerader** Linie gibt es nach § 14 SchA. nicht. Schwägerschaft **in der Seitenlinie** besteht mit den Verwandten des andern Ehegatten in der Seitenlinie. Nach § 14 SchA. kommt hier nur die Schwägerschaft im **zweiten** Grade in Betracht. Hieher zählen die Geschwister der Ehefrau des Schätzers und die Ehegatten der Geschwister des Schätzers. (Im übrigen s. Keidel FGG. § 6 Anm. 3 c.)

8. Darunter ist der Schätzer zu verstehen, der kraft Auftrags von einem Beteiligten im Sinne der Bemerkungen unter 3 und 4 zum bevollmächtigten Vertreter in dem Schätzungsverfahren bestellt ist und die Bestellung angenommen hat (§§ 164 ff. BGB.). (Im übrigen s. Keidel FGG. § 6 Anm. 3 d.)

9. Wegen des Begriffs „Beteiligter" s. Anm. 3 und 4.

Wer als gesetzlicher Vertreter eines Beteiligten (einer natürlichen oder juristischen Person) in Betracht kommt, entscheidet das materielle Recht. Gesetzlicher Vertreter ist z. B. der Vater oder die Mutter (§§ 1627, 1630, 1684), der Vormund (§ 1793), der Pfleger eines Geschäftsunfähigen (§§ 1915, 1793 BGB. und Fischer-Henle BGB. § 1915 Anm. 1), **nicht** der Gegenvormund (§ 1792 BGB.), ferner nicht der Beistand der Mutter nach § 1687 BGB. (Im übrigen s. Keidel FGG. § 6 Anm. 3 d.)

10. Wie die Vorschrift der Ziff. 5 zeigt, soll das Amtsgericht bzw. der Notar bei der Auswahl der Schätzer mit großer Vorsicht vorgehen. Es soll ein Schätzer auch dann nicht zugezogen werden, wenn andere Umstände vorliegen, die geeignet sind, seine Unparteilichkeit bei der Schätzung zu beeinflussen. Derartige Umstände können z. B. sein: besondere Freundschaft oder Feindschaft zwischen dem Schätzer und einem Beteiligten, nähere, aber nicht mehr unter Ziff. 3 fallende Verwandtschaft oder

Schwägerschaft (z. B. Verwandtschaft im dritten Grad der Seitenlinie) usw. Bei Beurteilung der Voraussetzungen der Ziff. 5 herrscht freies Ermessen des Gerichts bzw. des Notars. Wird auf Grund der Vorschrift der Ziff. 5 ein Schätzer nicht beigezogen, so ist eine Beschwerde des Eigentümers (an das Landgericht) gegen diese Anordnung des Gerichts bzw. des Notars als unbegründet zu verwerfen, da die Auswahl der Schätzer einzig und allein dem Gericht bzw. dem Notar zusteht, ein Recht des Eigentümers also nicht verletzt werden kann (s. § 13 II S. 1 und Anm. 2 und 5 zu § 13; s. a. § 13 II S. 2 SchA.).

Wird dagegen trotz der Voraussetzungen der Ziff. 5 ein Schätzer von dem Gericht bzw. dem Notar beigezogen, so kann die Beschwerde des Antragstellers (Eigentümers § 12 SchA.) gegen diese Anordnung begründet sein. Denn auch auf Einhaltung von Sollvorschriften besteht ein Recht (§ 20 FGG., Art. 129 AG. BGB., Keidel FGG. § 20 Anm. 3). Das letztere gilt selbstverständlich auch, wenn ein Schätzer beigezogen wird, trotzdem Voraussetzungen der Ziff. 1—4 vorliegen. Die Beschwerde eines wegen einer Voraussetzung der Ziff. 1—5 nicht beigezogenen Schätzers wäre als unbegründet zu verwerfen, da der Schätzer kein Recht darauf hat, als Schätzer beigezogen zu werden, ein Recht des nicht beigezogenen Schätzers also auch nicht verletzt wird (§ 20 FGG., Art. 129 AG. BGB.). Eine von einem Schätzer vorgenommene Schätzung ist nicht aus dem Grunde unwirksam, weil der Schätzer gemäß § 14 SchA. zu dem Schätzungsverfahren nicht hätte beigezogen werden sollen (§ 7 FGG., Art. 129 AG. BGB. und Keidel FGG. § 7 Anm. 5).

Soweit nach den bisherigen Erörterungen das Rechtsmittel der Beschwerde zulässig ist, entscheidet über die weitere Beschwerde das oberste Landesgericht (§§ 28, 199 FGG. und Art. 42 III AG. GVG.), im übrigen s. Anm. 2 und 5 zu § 13.

11. Da gemäß § 7 II S. 3 SchA. dem Schätzer mit der Bestallung ein Auszug aus der Schätzeranweisung ausgehändigt wird, so kann er die Vorschrift des § 14 kennen lernen. Der Schätzer ist deshalb auch verpflichtet, das Amtsgericht bzw. den Notar aufmerksam zu machen, wenn bei ihm Voraussetzungen des § 14 vorliegen. Daneben wird aber der Richter bzw. der Notar bemüht sein, durch eigene Ermittlungen festzustellen, ob nicht Voraussetzungen des § 14 vorliegen, s. a. § 24 Ziff. 3.

§ 15.

I Das Amtsgericht oder der Notar hat nach der Auswahl der Schätzer[1] den Termin zu ihrer Vernehmung festzusetzen und die Schätzer zu dem Termine zu laden. In der Ladung sind die Schätzer aufzufordern, zu dem Termin ihre Bestallung mitzubringen. In der Ladung ist das Grundstück, dessen Wert festgesetzt werden soll, genau zu bezeichnen. Mit der Ladung kann aber auch der Auszug aus dem Grundsteuerkataster an einen Schätzer hinausgegeben und zur näheren Bezeichnung des Grundstücks auf den Auszug hingewiesen werden. Bei der Ladung sind die Schätzer ferner anzuweisen, das Grundstück, wenn es ihnen nicht ohnehin genau bekannt ist, vor dem Termine zu besichtigen und dem Eigentümer Gelegenheit zu geben, der Besichtigung anzuwohnen. In der Ladung ist auch auf die gesetzlichen Folgen des Nichterscheinens im Termine hinzuweisen;[2] ein Muster für die Ladung enthält Anlage III. Muster III.

II Der Amtsrichter oder der Notar kann auch anordnen, daß die Besichtigung des Grundstücks in seiner Gegenwart stattfindet. Dies soll aber nur ausnahmsweise geschehen, wenn der Wert des Grundstücks groß und aus besonderen Gründen die Anwesenheit des Amtsrichters oder des Notars bei der Besichtigung von wesentlicher Bedeutung für die Wertsermittlung ist.[3]

III Dem Eigentümer ist der Vernehmungstermin bekannt zu machen. Dabei ist ihm zu eröffnen, daß es ihm freisteht, dem Termin anzuwohnen oder sich im Termine durch einen Bevollmächtigten vertreten zu lassen. Einer besonderen Form bedarf eine derartige Bevollmächtigung nicht.[4]

1. S. § 13 II SchA.

2. Muster für die Ladung s. Anlage III. Die Vernehmung der Schätzer erfolgt in der Regel mündlich am Sitze des Amtsgerichts oder des Notariats (§ 22 I S. 1 SchA.). Die Festsetzung des Vernehmungstermins kann davon abhängig gemacht werden, daß ein Vorschuß zur Deckung der Gebühren und Kosten hinterlegt wird (§ 28 III SchA.). In der Ladung wird den Schätzern der zu schätzende Grundbesitz mitgeteilt. Ferner werden sie aufgefordert, in dem von dem Amtsgericht bzw. dem Notar zu ihrer Vernehmung bestimmten Termine zu erscheinen und ihre Bestallung mitzubringen. Durch die Bestallung legitimieren sich die Schätzer gegenüber dem Richter (§ 1 II SchA.) bzw. dem Notar. Die Feststellung der Persönlichkeiten soll zeitraubende Erhebungen nicht verursachen, zumal die Schätzer auf Kosten des Antragstellers Gebühren erhalten (§§ 7 II, 8 IV, 11 VI SchA.). In der Ladung wird der Schätzer außerdem auf die gesetzlichen Folgen des Nichterscheinens im Vernehmungstermine hingewiesen, Ersatz der Kosten und Geldstrafe bis zu 300 *M* (§ 16 SchA., §§ 409, 402 ZPO., § 15 FGG. und Art. 129 AG. BGB.). Er wird ferner angewiesen, nötigenfalls das Grundstück vor dem Termine zu besichtigen und dem Eigentümer Gelegenheit zu geben, der Besichtigung beizuwohnen. Besichtigt der Schätzer das Grundstück, so genügt er seiner Verpflichtung gegenüber dem Eigentümer, wenn er ihn mittels einfachen Briefes oder mittels Postkarte von dem Tag und der Stunde der Besichtigung benachrichtigt. In der Ladung ist das Grundstück genau zu bezeichnen, zur nähern Bezeichnung des Grundstücks kann auch auf den hinausgegebenen Auszug aus dem Grundsteuerkataster hingewiesen werden (s. Anm. 8 zu § 12 SchA.). Die Ladung ist dem Schätzer (wie die Ladungen nach der ZPO. §§ 214 ff.) zuzustellen. Ermessenssache des Richters bzw. des Notars ist es, ob er dem Schätzer schon mit der Ladung von den Rechten und Belastungen (§§ 19, 20) Kenntnis geben will.

3. Von der Vorschrift des Abs. II ist nur ausnahmsweise Gebrauch zu machen, z. B. wenn der Wert des Grundstücks groß ist, oder wenn der abzuschätzende Grundbesitz in mehreren Schätzerbezirken liegt (§ 13 IV SchA.). Eine Anordnung nach Abs. II ist in das Ermessen des Gerichts bzw. des Notars gestellt. Gegen die Anordnung steht dem Eigentümer das Rechtsmittel der Beschwerde an das Landgericht zu (§ 20 FGG., Art. 129 AG. BGB. und Keidel FGG. § 20 Anm. 3. Der Eigentümer will z. B. die durch eine Anordnung nach Abs. II erwachsenen Mehrkosten ersparen.) Die Vernehmung der Schätzer kann im Falle des Abs. II im Anschluß an die Besichtigung an Ort und Stelle erfolgen (§ 22 II SchA.).

4. In welcher Weise dem Eigentümer der Vernehmungstermin bekannt gemacht wird, ist in das Ermessen des Gerichts bzw. des Notars gestellt. Zweckdienlich wird es sein, die Bekanntmachung nach den Vorschriften über die Zustellungen von Amts wegen anzuordnen (§§ 208 bis 213 ZPO.). Es genügt aber auch eine Bekanntmachung mittels einfachen Schreibens oder durch Behändigung ohne Beurkundung. Eine Bekanntmachung muß aber erfolgen. Angenommen, es unterbleibt die Bekanntmachung, und es wird das Schätzungsverfahren ohne den Eigentümer durchgeführt, so ist er nicht berechtigt, deshalb ein neues Schätzungsverfahren zu beantragen. Auch eine Beschwerde des Eigentümers an das Landgericht müßte verworfen werden, denn die Beeinträchtigung eines Rechts kommt für ihn nicht in Betracht, da die Schätzung von den Schätzern unter Mitwirkung des Richters bzw. des Notars vorgenommen wird, der Eigentümer selbst die Schätzung aber nicht beeinflussen kann. (Zudem wird durch die Nichtbekanntmachung des Vernehmungstermins nichts „verfügt". Es fehlt also an der weiteren Voraussetzung des § 20 FGG. und Art. 129 AG. BGB., daß die Beeinträchtigung durch eine „Verfügung" erfolgt ist.) Der Eigentümer kann daher nur mit einer Dienstaufsichtsbeschwerde gegen den Richter bzw. den Notar, der die Bekanntmachung des Vernehmungstermins versäumt, vorgehen. Die Bekanntgabe des Vernehmungstermins und die Eröffnung nach S. 2 erfolgt in *einem* Schreiben. Die Namen der Schätzer brauchen bei der Mitteilung des Vernehmungstermins dem Eigentümer nicht bekannt gemacht zu werden. Die Zulässigkeit der Vertretung durch einen Bevollmächtigten ergibt sich aus § 13 S. 1 FGG. und Art. 129 AG. BGB. Abs. III weicht von § 13 FGG. nur insofern ab, als das Gericht bzw. der Notar nicht anordnen kann, daß die Bevollmächtigung durch eine öffentlich beglaubigte Vollmacht nachgewiesen wird. Die Erteilung der Vollmacht kann also in den Formen der §§ 167, 171, 172 BGB. erfolgen. (Sie kann also durch Erklärung gegenüber dem Gericht erteilt werden. In der Regel wird aber die Erteilung der Vollmacht durch einfache Schriftform erfolgen, die im vorliegenden Falle gemäß Abs. III S. 3 genügt.) S. a. Anm. 4 zu § 12 SchA.

§ 16.

Im Falle des Nichterscheinens im Vernehmungstermin oder im Falle der Weigerung zur Erstattung des Gutachtens ist nach Maßgabe der §§ 409, 402 der ZPO. zu verfahren. (Art. 129 des Ausführungsgesetzes zum Bürgerlichen Gesetzbuch mit § 15 des Gesetzes über die Angelegenheiten der freiwilligen Gerichtsbarkeit.)

S. Einleitung Nr. 2.

Die Vorschrift des § 16 findet nur Anwendung auf die von dem Amtsgericht ernannten und beeidigten ständigen Schätzer (§§ 1 ff. SchA.). Wenn gemäß §§ 23 I S. 2 und 3 II SchA. ein besonderer Schätzer zugezogen wird, und dieser erscheint im Vernehmungstermine nicht, so kann er nach § 409 ZPO. nicht bestraft werden, da er als Schätzer noch nicht verpflichtet ist, auch wenn er unterlassen hat, seine Weigerung vorher zu erklären (RGZ. 23, 338). Anders ist es, wenn der besondere Schätzer gemäß §§ 6 und 7 I SchA. beeidigt ist. Dann können gegen ihn die Strafen des § 409 ZPO. verhängt werden.

Eine auf Grund des § 409 ZPO. gegen einen Schätzer ausgesprochene und nicht beizutreibende Geldstrafe kann nicht in Haft umgewandelt werden wie in den Fällen der §§ 380, 390 ZPO. Ebenso ist auch eine zwangsweise Verfügung wie beim wiederholten Ausbleiben eines Zeugen (§ 380 II ZPO.) ausgeschlossen. Die Strafe des wiederholten Ungehorsams geht bis 600 *M*. Wiederholter Ungehorsam ist auch Weigerung nach Nichterscheinen und umgekehrt. Mit der zweiten Strafe ist das Verfahren gegen den Schätzer zu Ende.

Gegen den Beschluß findet Beschwerde statt (§ 567 ZPO.). S. a. §§ 568, 569 ZPO.

Die Beschwerde hat aufschiebende Wirkung (§ 572 ZPO.).

Wer als Schätzer, der zum Erscheinen im Vernehmungstermin gesetzlich verpflichtet ist (s. oben), eine unwahre Tatsache als Entschuldigung vorschützt, wird mit Gefängnis bis zu zwei Monaten bestraft (§ 138 I und II StGB.). Eine Ordnungsstrafe nach § 409 ZPO. wird durch diese Strafbestimmung nicht ausgeschlossen (§ 138 III StGB.).

§ 17.

Bei der Schätzung ist der Verkaufswert [1] des Grundstücks [2] sorgfältig zu ermitteln. Der Verkaufswert wird durch den Preis bestimmt, welcher im gewöhnlichen Geschäftsverkehre nach der Beschaffenheit des Gegenstandes ohne Rücksicht auf andere ungewöhnliche oder lediglich persönliche Verhältnisse zu erzielen ist.[3] Bei der Feststellung des Verkaufswertes sind nur die dauernden Eigenschaften des Grundstücks und der Ertrag zu berücksichtigen, den das Grundstück bei ordnungsmäßiger Bewirtschaftung jedem Besitzer nachhaltig gewähren kann.[4]

1. § 17 entspricht im allgemeinen § 12 des HypBankG. vom 13. Juli 1899.

Auch nach dem HypBankG. ist der „Verkaufs- (Verkehrs-) Wert" festzustellen. Welche Gesichtspunkte für die Feststellung des Verkaufswerts in Betracht kommen, ist in § 18 SchA. näher ausgeführt. Der Verkaufswert ist mit dem „Ertragswert", d. i. mit dem nach dem kapitalisierten Reinertrag berechneten Wert nicht identisch. Der Ertragswert kommt insbesondere für erbrechtliche Verhältnisse in Frage (s. §§ 2049, 2312 BGB.). Wenn nach § 17 bei der Schätzung der Verkaufswert und nicht der Ertragswert zu ermitteln ist, so ist dies für den Kredit suchenden Grundstückseigentümer vorteilhafter, da der Verkaufswert im allgemeinen den Ertragswert übersteigt und infolgedessen der Eigentümer den Immobiliarkredit besser ausnützen kann. Für den Darlehensgeber dagegen ist es ungünstiger, wenn anstatt des Ertragswerts der Verkaufswert festgestellt wird, da der Verkaufswert von vielen Zufälligkeiten abhängt, deshalb wesentlichen Schwankungen unterworfen ist und vielfach mit dem dauernden Wert nicht übereinstimmt. Wenn die Schätzeranweisung deshalb ausschließlich das Interesse der Darlehensgeber hätte berücksichtigen wollen, so hätte sie in § 17 das Wort „Verkaufswert" durch „Ertragswert" ersetzen müssen. Allein der Zweck der Schätzeranweisung ist nicht der, den Gläubiger jeder Prüfung seinerseits zu entziehen. Ein vorsichtiger Gläubiger wird seiner Darlehenshingabe stets den Ertragswert zugrunde legen. Die Schätzeranweisung will vielmehr den Grundstücksbesitzern die Ausnützung ihres wirklichen Immobiliarkredits erleichtern. Deshalb erhielt auch der „Verkaufswert" vor dem „Ertragswert" den Vorzug.

Übrigens ist nach § 17 dem Ertragswert ebenfalls Rechnung zu tragen. Bei der Feststellung des Verkaufswerts ist nämlich der „Ertrag zu berücksichtigen, den das Grundstück bei ordnungsmäßiger Bewirtschaftung jedem Besitzer nachhaltig gewähren kann". Wenn hienach der Schätzer auch nicht gesondert den Ertragswert festzustellen hat, so muß er ihn doch als Grundlage für die Feststellung des Verkaufswerts berücksichtigen. In § 17 finden sich demnach die beiden Arten von Wertsberechnung, wenn auch der Ertragswert im Gegensatz zum Verkaufswert nicht ziffernmäßig zu ermitteln ist, also nicht dieselbe Berücksichtigung wie der Verkaufswert gefunden hat (s. Bayerischer Landwirtschaftsrat Sitzung vom 23. März 1909 Ziff. 4 der Tagesordnung die amtliche Feststellung des Wertes von Grundstücken).

2. Nach § 21 ist bei jeder Schätzung der Gesamtwert des abzuschätzenden Grundbesitzes anzugeben. Es fragt sich nun, wie die Ermittelungen im Sinne des § 17 anzustellen sind, wenn ein Landgut bzw. wenn Grundstücke, die zu einem Landgut gehören, geschätzt werden sollen, ob deren Wert nach dem Einzelverkaufswert oder vielmehr mit Rücksicht auf den Wert als Bestandteile des Guts anzusetzen ist. Denn der Wert des Grundstücks gestaltet sich verschieden, je nachdem es nach seinem Wert als Parzelle oder als Gesamtteil eines Organismus taxiert wird. Im allgemeinen ist die Schätzungssumme geringer, wenn die Grundstücke als Teile eines Ganzen taxiert werden. Im Interesse des Gläubigers wäre es daher gelegen, wenn bei der Schätzung eines Landguts die Grundstücke als Bestandteile des Gutes betrachtet würden.

Allein die Schätzeranweisung hat den Zweck, dem Grundstückseigentümer zur Ausnützung seines wirklichen Immobiliarkredits zu verhelfen (s. Anm. 1), deshalb ist auch bei der Schätzung eines Landguts immer nur von dem Verkaufswert des Einzelgrundstücks, ohne Rücksicht auf das Ganze, auszugehen. Um eine dauernde Eigenschaft des Grundstücks im Sinne des § 17 handelt es sich nicht, wenn das Grundstück zu einem geschlossenen Gut gehört, da der Schuldner jederzeit in der Lage ist, Grundstücke wegzuveräußern oder das Gut zu zertrümmern. Grundsätzlich ist also jedes Grundstück gesondert, d. h. ohne Rücksicht auf seine Zugehörigkeit zu einem Ganzen zu schätzen.

Dabei wird es aber dem Richter bzw. Notar nicht verwehrt sein, je nach Lage der Sache mehrere Grundstücke zusammen der Schätzung zu unterstellen, namentlich dann, wenn sie in Natur nur ein Grundstück bilden und auf gleicher Unterlage beurteilt werden können.

Bei jeder Schätzung ist es Pflicht des Richters bzw. des Notars, wenn der Verkaufspreis für das Grundstück außer Verhältnis zum ermittelten Wert steht, die Schätzer hierauf aufmerksam zu machen und die Schätzung auf das richtige Maß zurückzuführen.

3. Die Gesichtspunkte, die hauptsächlich für die Ermittlung des Wertes in Betracht kommen, sind in § 18 aufgeführt. Die Schätzeranweisung sieht jedoch davon ab, detaillierte Vorschriften für die Schätzer zu erlassen, weil sonst die Schätzer die in den Vorschriften nicht berücksichtigten Umstände außer Betracht lassen würden.

Die §§ 17 ff. sollen dem Schätzer nur Richtpunkte geben. Im übrigen hat aber der Schätzer auch andere, in der Schätzeranweisung nicht aufgeführte Umstände, die für eine richtige Schätzung von Bedeutung sind, zu berücksichtigen. Eine richtige Schätzung hängt deshalb hauptsächlich von den persönlichen Eigenschaften des Schätzers, insbesondere von seiner Vorbildung und Erfahrung ab. Daneben kann aber (wenigstens bei den amtlichen Schätzungen) der Richter bzw. der Notar in erheblichem Maße mitwirken, daß eine möglichst genaue Schätzung zustande kommt. Im übrigen s. Anm. 2.

4. Bei Beurteilung des nachhaltigen Ertrags städtischer Grundstücke wird sich der Schätzer insbesondere folgende Fragen vorlegen müssen:

Ist die Einteilung der Wohnungen eine für das Haus gerade an diesem Platze richtige? Entspricht die Anzahl der Wohnräume und ihre Ausstattung der Lage des Grundstücks? Können hier Läden für die Dauer Aussicht auf Absatz haben?

Was wird aus den Räumen, die jetzt eine Gastwirtschaft einnimmt und gut bezahlt, wenn sie aus irgendeinem Grunde hier nicht mehr mit Erfolg betrieben werden kann?

Ist zu erwarten, daß der Platz oder die Stadtgegend sich entwickelt, auf der derzeitigen Stufe stehen bleibt oder zurückgeht?

Bei Grundstücken, die industriellen Zwecken dienen, kommt neben der Beurteilung des Betriebs ganz besonders in Frage, ob der Betrieb sich dauernd halten wird, ob und wie das Grundstück für andere Zwecke verwendbar ist, wenn der bisherige Betrieb sich nicht mehr halten kann, ob und inwieweit Zubehör und Bestandteile, die der gegenwärtige Betrieb bedingt, von dauerndem Werte sind.

§ 18.

I Für die Ermittlungen zur Feststellung des Verkaufswertes kommen in Betracht:[1]

1. die Lage, Bezeichnung und Beschreibung (Plannummer, Flächeninhalt, Benennung und Kulturart) des Grundstücks nach den Angaben im Grundbuch und im Grundsteuerkataster.[2] Stellt sich heraus, daß der wirkliche Flächeninhalt des Grundstücks oder die wirkliche Benützungsweise oder Bebauung mit den Angaben im Grundbuch oder im Grundsteuerkataster nicht übereinstimmt, so ist der wirkliche Zustand zugrunde zu legen;[3]
2. der Erwerbspreis des Grundstücks und etwaige Schätzungen aus den letzten Jahren;[4]
3. bei Gebäuden der Wert der Grundfläche, der Wert des Bauwerks, der bauliche Zustand und die Brandversicherungssumme;[5]
4. bei Waldungen der Bodenwert und der Wert des Holzbestandes;[6]
5. bei landwirtschaftlichen Grundstücken die Bonitätsklasse und die Grundsteuerverhältniszahl;[7]
6. der Ertrag, den das Grundstück bei ordnungsmäßiger Wirtschaft jedem Besitzer nachhaltig gewähren kann.[8]

II Sachdienliche Anhaltspunkte für die Wertsbestimmung geben auch die Kaufpreise, die bei anderen Grundstücken von ähnlicher Lage und Beschaffenheit während der letzten Jahre in gewöhnlichen Verkaufsfällen und bei Zwangsversteigerungen erzielt wurden; bei Grundstücken, die vermietet oder verpachtet sind, die Miet- oder Pachtzinse.[9]

1. S. Anm. 3 zu § 17.

2. Die Form und Lage eines Grundstücks sowie die Beschaffenheit des Baugrundes haben für die Wertbemessung, insbesondere von städtischen Grundstücken wesentliche Bedeutung. Vor allem übt die Lage auf den Wert eines städtischen Grundstücks den größten Einfluß aus. Der Wert des Grundstücks ist wesentlich verschieden, je nachdem ob es einer besseren oder einer weniger bevorzugten Stadtlage angehört. Neben diesen tatsächlichen Gesichtspunkten kommen für die Wertermittlung noch rechtliche Verhältnisse in Betracht. Es kommt hauptsächlich darauf an, ob und in welchem Umfang nach der Bauordnung vom $\frac{\text{17. Februar 1901}}{\text{3. August 1910}}$) und den örtlich verschiedenen baupolizeilichen Vorschriften die Bebauung des Grundstücks zulässig ist, bzw. ob bei bereits bebauten Grundstücken eine weitere Ausnützung des Baugrunds möglich ist. (Nähere Auskunft kann sich der Schätzer bei dem Bezirksamt bzw. Stadtmagistrat erholen.) Auch die Kanalisations- und Straßenkostenbeiträge wird der Schätzer bei der Feststellung des Wertes berücksichtigen müssen (s. a. Art. 122 AG. BGB. und Steiner ZVG. § 10 Anm. 3a).

Bei Grundstücken an unregulierten Straßen und Wegen, für die aber schon ein Bebauungsplan vorhanden ist, wird der Schätzer beachten müssen, daß die künftig zur Erhebung kommenden Straßenherstellungskosten den Wert des Grundstücks mindern.

Bei Häusern mit Vorgärten wird der Schätzer festzustellen haben, ob es sich um definitive oder provisorische Vorgärten handelt. Letztere sind rechtlich Straßenland, d. h. die Gemeinde kann jederzeit von dem Eigentümer die Abtretung der Vorgärten verlangen (teils gegen, teils ohne Entschädigung). Bei Grundstücken, bei denen ein Bebauungsplan noch nicht vorhanden ist (Spekulationsterrain), muß der Schätzer bei der Wertermittlung die größte Vorsicht üben. Denn hier steht noch nicht fest, ob die Grundstücke wesentlich Bauland werden oder in die künftigen Straßen oder Plätze fallen, ob und welche Verbindungswege zu den bestehenden Stadtteilen geschaffen werden, wie hoch die Straßenherstellungskosten sich belaufen und ob nicht spätere baupolizeiliche Vorschriften die Ausnützung des Baugrundes weiter einschränken.

Bei der Schätzung landwirtschaftlicher Grundstücke sind namentlich folgende Verhältnisse zu berücksichtigen:

a) die Bestandteile der obern Erdschicht (beim Acker die Ackerkrume) ihr Mengungsverhältnis und ihre Tiefe,
b) die Beschaffenheit des Untergrundes hinsichtlich seiner Bestandteile (Kies, Lehm, wasserdurchlassend oder undurchlässig) und sein Feuchtigkeitsgehalt,
c) die äußere Form der Erdoberfläche, ob eben, bergig usw., die Höhenlage, dann die Himmelsgegend, nach welcher sich bei bergiger Beschaffenheit der Boden neigt,
d) die Schwierigkeit der Bearbeitung,
e) die Gefahr der Überschwemmung, der Überschüttung und Versandung, sowie der Abschlemmung,
f) die Lage an einem Waldrand oder an einer Hauptverkehrsstraße, wo die Beschattung, der Staub usw. den Feldfrüchten schadet,
g) die Menge und Beschaffenheit der Gräser und Kräuter auf Wiesen und Weideländereien.

Auf die Entfernung vom Wirtschaftshof wird bei der Wertsermittlung keine Rücksicht genommen werden dürfen.

In allen Fällen aber hat der Schätzer den Wert des Grundstücks objektiv, d. h. ohne Rücksicht auf die persönlichen Verhältnisse des Eigentümers oder des Gläubigers festzustellen (objektiver oder gemeiner Wert im Gegensatz zum subjektiven Wert).

3. Da der Schätzer bei der Ladung angewiesen wird, das Grundstück, wenn es ihm nicht ohnehin genau bekannt ist, vor dem Termin zu besichtigen (§ 15 I S. 4 SchA.), so wird es selten vorkommen, daß bei der Schätzung nicht die wirkliche Benützungsweise oder Bebauung festgestellt wird. Stimmt diese mit den Angaben im Grundbuch oder im Grundsteuerkataster (s. § 12 II S. 2 und IV SchA.) nicht überein, so ist der wirkliche Zustand zugrunde zu legen.

Anders verhält es sich mit der Feststellung des wirklichen Flächeninhalts des Grundstücks. Ohne Vermessung des Grundstücks durch den Geometer werden sich Abweichungen des wirklichen Flächeninhalts von den Angaben im Grundbuch und im Grundsteuerkataster im allgemeinen nicht feststellen lassen. Die Anweisung sieht deshalb auch davon ab, dem Schätzer die Verpflichtung aufzulegen, derartige Abweichungen bei den Schätzungen genau festzustellen. Der Schätzer braucht infolgedessen Abweichungen nur zu berücksichtigen, soweit sie ihm bekannt sind. (Dies gilt auch für die wirkliche Benützungsweise oder Bebauung. Hier wird sich aber eine Abweichung bei der für den Schätzer obligatorischen Besichtigung des Grundstücks leicht feststellen lassen. S. oben.) Über die Frage, was unter einem Grundstück zu verstehen ist, s. Anm. 2 zu § 17.

4. Legt der Schätzer den Erwerbspreis des Grundstücks und etwaige Schätzungen aus den letzten Jahren seiner Schätzung zugrunde, so darf er dies nur mit der größten Sorgfalt tun. Auf einen ältern Erwerbspreis oder eine ältere Werterhebung wird der Schätzer nur in den seltensten Fällen zurückgreifen. Auch wenn der Schätzer einen neuen Erwerbspreis als Grundlage für die Wertfestsetzung benutzen will, muß er jedenfalls immer die besondern beim Erwerb obwaltenden Umstände kennen und berücksichtigen. Bei Gutsübergaben oder bei sonstigen Geschäften unter Verwandten bleibt der Erwerbspreis oft hinter dem Verkehrswert zurück. Der bei Tauschgeschäften angegebene Wert weicht häufig vom wirklichen Verkehrswert ab. Auch bei Berücksichtigung eines im Wege der Zwangsversteigerung erzielten Preises ist besondere Vorsicht empfohlen. (Das Grundstück hat beispielsweise ein Hypothekgläubiger gesteigert.) Bei der Feststellung des Erwerbspreises und der Schätzungen aus den letzten Jahren wird der Richter bzw. der Notar den Schätzern mit Hilfe von Nachlaßakten, notariellen Urkunden usw. an die Hand gehen.

5. Bei allen Gebäuden, auch bei solchen, die zu landwirtschaftlichen Betrieben gehören, ist neben dem eigentlichen Gebäudewert der Wert der Baufläche gesondert festzustellen (s. a. § 8 I S. 2 JMB. vom 13. Mai 1905, die Anlegung von Gemeinde- und Stiftungsgeldern betr. JMBl. S. 701, wonach bei der Beleihung eines Grundstücks ebenfalls der Wert der Baufläche, der Wert des Bauwerks und die Brandversicherungssumme gesondert festzustellen sind.) Den Wert der Grundfläche bestimmt bei städtischen Grundstücken in erster Linie die Lage (s. Anm. 2 zu § 18), bei Grundstücken in ländlichen Bezirken die Beschaffenheit des Bodens.

Für den Wert des Bauwerks kommt vor allem der bauliche Zustand in Betracht, weshalb die Anweisung den Schätzern dessen Feststellung vorschreibt.

Die Schätzer müssen demnach prüfen, ob es sich um ein mit allem Komfort eingerichtetes Luxushaus, um ein gut gebautes bürgerliches Wohngebäude, ein Geschäftshaus, ein gewöhnliches Miethaus usw. handelt. Der Schätzer ist daher verpflichtet, nicht nur das Bauwerk selbst (Architektur und Bauausführung), sondern auch seine innere Einrichtung (Öfen, Fenster, Türen, Tapeten, Fußböden usw.) genau zu besichtigen und alle diese Gesichtspunkte bei der Abgabe seines Gutachtens zu berücksichtigen. Wegen der Brandversicherungssumme s. Art. 17 ff. BrandVersG.

6. Wie bei den Gebäuden der Wert der Grundfläche und der Wert des Bauwerks gesondert festzustellen ist, ähnlich ist bei Waldungen der Bodenwert und der Wert des Holzbestandes gesondert zu bestimmen. Der Wert des Holzbestandes kann bei der Schätzung nur dann Berücksichtigung finden, wenn eine Gewähr dafür geboten ist, daß der Holzbestand auch erhalten bleibt. Denn bei einer Abholzung ändert sich der Wert des Waldgrundstücks ganz bedeutend. Die Beleihung des Holzbestandswertes wird daher immer den Nachweis der planmäßigen nachhaltigen Waldwirtschaft zur Voraussetzung haben. Wo eine solche nicht stattfindet, kann nur der Bodenwert als sichere Grundlage der Beleihung genommen werden.

7. Die Bonitätsklasse und die Grundsteuerverhältniszahl (Bonitätsklasse × Flächeninhalt) sind aus dem Grundsteuerkataster zu ersehen. Die Grundsteuerverhältniszahl darf selbstverständlich nur soweit in Berechnung gezogen werden, als sie auch tatsächlich noch zutrifft. Stimmt der wirkliche Kulturzustand mit der Bonitätsklasse nicht überein, so darf nur die wirkliche Ertragsfähigkeit berücksichtigt werden.

8. S. Anm. 1 und 4 zu § 17.

Unter „Ertrag" im Sinne der Ziff. 6 ist der „Reinertrag" (Gegensatz „Rohertrag") zu verstehen, den das Grundstück gewährt. Bodenmeliorationen (Ackerdrainagen, Wiesenkulturen durch Ent- oder Bewässerung) können nur dann berücksichtigt werden, wenn sie den Ertrag günstig beeinflussen. Verfehlte Anlagen können nicht berücksichtigt werden.

9. Die Miet- und Pachtzinse ergeben im allgemeinen sichere Anhaltspunkte für die Wertermittlung, jedoch erst dann, wenn die mit dem Hause bzw. dem Grundstücke verbundenen alljährlichen Unkosten in Abzug gebracht werden. Von dem Bruttomieterträge sind abzuziehen: Grund- und Haussteuer, Kanalisationsbeiträge, Feuerversicherungsprämie, Abgaben für Gas- und Wasserleitung, Kaminkehrerlöhne, Kehrichtabfuhr, Flur- und Treppenreinigungskosten, bauliche Unterhaltungskosten, Kosten für den Hausmeister (Verwaltung des Hauses) und andere regelmäßig wiederkehrende Unkosten. Sie sind sämtlich zum Jahresbetrage in Abzug zu bringen. Der nach Abzug aller Unkosten verbleibende Rest, mit 4 bis 5 v. H. kapitalisiert, ergibt dann den Wert des Grundstücks. Angenommen, ein Haus wirft 5000 *M* Miete ab. Die Unkosten belaufen sich auf 1000 *M*. Der Reinertrag an Miete beträgt demnach 4000 *M*. Das Haus ist demnach 80000 oder 100000 *M* wert, wenn man eine Verzinsung von vier oder fünf Prozent annimmt. Wenn ein Grundstück verpachtet ist, ist ebenso zu verfahren. Von den Pachtzinsen sind ebenfalls die sämtlichen alljährlich wiederkehrenden Unkosten in Abzug zu bringen. Erst dann dürfen die Pachtzinsen kapitalisiert werden, um den Verkaufswert des Grundstücks zu bekommen. Jedoch muß in beiden Fällen der Schätzer erst prüfen, ob die Miet- und Pachtzinsen im betreffenden Fall den am Orte üblichen Miet- und Pachtzinsen entsprechen oder ob sie nicht zu hoch oder zu niedrig sind. Erst wenn dies feststeht, wird durch die obige Berechnung der Verkaufswert völlig ermittelt.

Sind die Miet- oder Pachtzinse nach der Ansicht des Schätzers zu hoch oder zu niedrig — bei Pachtzinsen wird dies ein Vergleich mit den Pachtzinsen von Grundstücken von ähnlicher Lage und Beschaffenheit leicht ergeben, bei Mietzinsen wird sich ein Vergleich in den seltensten Fällen ziehen lassen — so kann er sie als Grundlage zur Feststellung des Verkaufswertes nur dann berücksichtigen, wenn er sie entsprechend mindert oder erhöht. Zweckmäßigerweise wird jedoch der Schätzer in solchen Fällen die Miet- und Pachtzinse überhaupt nicht als Unterlage für die Wertermittlung in Betracht ziehen.

§ 19.

I Der Wert beweglicher Sachen, die nach den §§ 97, 98*) des Bürgerlichen Gesetzbuches Zubehör[1] des abzuschätzenden Grundstücks sind, ist für sich zu ermitteln und besonders, jedoch in einer Summe festzustellen. Dabei bleiben Zubehörstücke außer Betracht, die nach der Angabe der Beteiligten nicht im Eigentume des Eigentümers des Grundstücks stehen. Der Wert von Reallasten, Forstrechten, Weiderechten, Fischereirechten, Gemeinderechten und ähnlichen Rechten, die dem jeweiligen Eigentümer des Grundstücks zustehen, ist je besonders festzustellen.[2]

II Grunddienstbarkeiten und Vorkaufsrechte sind nur bei der Feststellung des Wertes des Grundstücks zu berücksichtigen, mit dem sie verbunden sind.[3]

---

*) Die §§ 97, 98 des BGB. lauten:

§ 97. Zubehör sind bewegliche Sachen, die, ohne Bestandteile der Hauptsache zu sein, dem wirtschaftlichen Zwecke der Hauptsache zu dienen bestimmt sind und zu ihr in einem dieser Bestimmung entsprechenden räumlichen Verhältnisse stehen. Eine Sache ist nicht Zubehör, wenn sie im Verkehre nicht als Zubehör angesehen wird.

Die vorübergehende Benutzung einer Sache für den wirtschaftlichen Zweck einer anderen begründet nicht die Zubehöreigenschaft. Die vorübergehende Trennung eines Zubehörstücks von der Hauptsache hebt die Zubehöreigenschaft nicht auf.

§ 98. Dem wirtschaftlichen Zwecke der Hauptsache sind zu dienen bestimmt:

1. bei einem Gebäude, das für einen gewerblichen Betrieb dauernd eingerichtet ist, insbesondere bei einer Mühle, einer Schmiede, einem Bräuhaus, einer Fabrik, die zu dem Betriebe bestimmten Maschinen und sonstigen Gerätschaften;

2. bei einem Landgute, das zum Wirtschaftsbetriebe bestimmte Gerät und Vieh; die landwirtschaftlichen Erzeugnisse, soweit sie zur Fortführung der Wirtschaft bis zu der Zeit erforderlich sind, zu welcher gleiche oder ähnliche Erzeugnisse voraussichtlich gewonnen werden, sowie der vorhandene auf dem Gute gewonnene Dünger.

1. Was unter „Zubehör" zu verstehen ist, bestimmt § 97 BGB. § 98 BGB. stellt lediglich zwingend fest, daß die daselbst bezeichneten Gegenstände dem wirtschaftlichen Zweck der Hauptsache zu dienen bestimmt sind. § 98 BGB. stellt aber nicht fest, daß diese Gegenstände Zubehör seien. Damit sie Zubehör seien, müssen alle Voraussetzungen des § 97 BGB. vorliegen. Nur eine Voraussetzung, nämlich die Bestimmung für den wirtschaftlichen Zweck der Hauptsache, braucht in den Fällen des § 98 BGB. nicht mehr besonders geprüft zu werden. Damit die Sache Zubehör sei, muß sie aber immer auch zur Hauptsache in einem entsprechenden räumlichen Verhältnisse stehen. Davon macht § 98 BGB. keine Ausnahme. Daher sind die dem Gewerbezwecke dienenden Gerätschaften, worunter in § 98 wegen ihrer Wichtigkeit die Maschinen besonders hervorgehoben werden, nur dann Zubehör des Gebäudes, wenn sie nicht zu seinen Bestandteilen geworden sind (§§ 93, 94 BGB.). Ob Zubehör oder Bestandteil vorliegt, ist in vielen Fällen nicht leicht zu entscheiden. (Das Reichsgericht hatte die Frage insbesondere bezüglich der Maschinen öfters zu entscheiden, s. hiezu Steiner § 21 Anm. 3 A Fußnote 2 und Staudinger BGB. § 94 Anm. 3 e, γ—ε, insbesondere RGZ. Bd. 67 S. 30 ff. In letzterer Entscheidung hat das RG. seine frühere Auffassung teilweise aufgegeben.)

In dem Schätzungsverfahren ist die Frage, ob Zubehör oder Bestandteil vorliegt, von weniger großer Bedeutung, da in beiden Fällen der Wert ermittelt und in der Schätzungssumme nach § 21 SchA. berücksichtigt wird. § 19 schreibt nur vor, daß das Zubehör für sich zu ermitteln und besonders, jedoch in einer Summe (wenn mehrere Zubehörstücke vorhanden sind), festzustellen ist. Allerdings bleiben nach § 19 S. 2 Zubehörstücke außer Betracht, die nach der Angabe der Beteiligten nicht im Eigentum des Eigentümers des Grundstücks stehen. Es sind dies außer geliehenen oder gemieteten Zubehörstücken hauptsächlich solche, an denen sich der Verkäufer das Eigentum bis zur Zahlung des Kaufpreises vorbehalten hat (§ 455 BGB.).

Wenn nun diese Sachen (insbesondere Maschinen, s. oben) durch Einfügen Bestandteile des Gebäudes werden, so erlischt das Eigentum des Verkäufers, da Bestandteile nicht Gegenstand besonderer Rechte sein können (§ 93 BGB.). Eigentümer der Sachen wird der Grundstückseigentümer.

In dem Schätzungsverfahren dürfen und können aber derartige rechtliche Feststellungen nicht getroffen werden. In jedem Falle müssen also Richter bzw. Notar und Schätzer die Sachen, an denen sich der Verkäufer nach der Angabe des Eigentümers das Eigentum vorbehalten hat oder die aus anderen Rechtsgründen nicht im Eigentum des Eigentümers des Grundstücks stehen, als Zubehör behandeln, auch wenn sie in Wirklichkeit Bestandteile des Grundstücks bzw. des Gebäudes geworden sein sollten. Diese Regel erleidet nur für den Fall, daß der Eigentümer durch Vorlage eines rechtskräftigen Urteils die Bestandteilseigenschaft nachweist, eine Ausnahme.

Bestandteile eines Gebäudes sind z. B. Türen, Fensterflügel, Dachziegel, Rolläden, auch wenn die Einfügung nicht unlöslich ist. Bezüglich anderer Bestandteile s. Steiner § 21 Anm. 3 A Fußnote 2. Bezüglich der Sachen, die durch oberstrichterliche Entscheidungen als Zubehör anerkannt sind, s. Fischer-Henle BGB. § 97 Anm. 3, Kleinen Staudinger § 97 Anm. 4, 5 und 6 und Achilles BGB. zu § 97. Nicht Zubehör sind z. B. Baumaterialien bei einem Baugrundstück (bestritten), ferner für einen Neubau hergerichtete Türen und Fenster (bestritten), Kohlen bei einer Ziegelei (bestritten), Ziegeleiwaren bei einer Ziegelei.

2. S. § 1105 II BGB., Art. 113—115, 120 ff., 184 EG. BGB., Art. 46, 48, 116—118 ÜG., Art. 85, 86 AG. BGB., Art. 69 EG. BGB., Art. 17 AG. GBO., Art. 164 EG. BGB., Art. 32 GemO. und §§ 340 ff., 369 ff. DAnw. Bei den Forstrechten, Weiderechten, Fischereirechten, Gemeinderechten und ähnlichen Rechten handelt es sich um Nutzungsrechte, die nach dem Landesrecht an fremden Grundstücken bestehen und die herkömmlich mit dem Eigentum bestimmter Grundstücke oder Anwesen verbunden sind. Diese Rechte brauchen nicht notwendig im Grundbuch eingetragen zu sein. Sie werden aber auf Antrag des Eigentümers des berechtigten Grundstücks im Titel des für dieses Grundstück bestehenden Blattes vermerkt (im übrigen s. § 8 GBO.). Sie werden den Grundstücken gleich behandelt. Sie erhalten aber ein eigenes Grundbuchblatt nur auf Antrag oder wenn das Recht veräußert oder belastet werden soll (§ 7 GBO., Art. 17 II AG. GBO.). Ob Rechte im Sinne des § 19 I S. 3 bestehen, wird der Schätzer in der Regel aus dem Grundbuch bzw. Grundsteuerkataster ersehen (§ 15 I S. 4). Andernfalls wird der Schätzer sich von dem Eigentümer die nötige Auskunft erholen.

Die Feststellung des Wertes der Rechte ist in vielen Fällen nicht einfach. In den meisten Fällen wird der Schätzer den Wert nach freiem Ermessen feststellen, da sich bestimmte Regeln für die Berechnung des Wertes nicht aufstelleu lassen. Der Schätzer wird jedoch im allgemeinen folgendes zu beachten haben.

Kehren die Leistungen oder Nutzungen in bestimmten Zeiträumen und in bestimmter Höhe wieder, so ist zunächst der einjährige Bezug (Reinertrag, nicht Rohertrag) zu berechnen. Dieser kann dann nach § 9 ZPO. kapitalisiert werden (fünfundzwanzigfacher Betrag). Läßt sich aber kein einjähriger Bezug feststellen, weil die Leistungen oder Nutzungen in unbestimmten Zwischenräumen und in wechselnder Größe wiederkehren, so ist § 9 ZPO. nicht anwendbar. Die Festsetzung des Wertes ist in diesen Fällen stets in das freie Ermessen des Schätzers gestellt.

3. S. §§ 1018 ff. und §§ 1094 ff. BGB.

Unter den Grunddienstbarkeiten und Vorkaufsrechten im Sinne des § 19 II sind nur die zu verstehen, die zugunsten des jeweiligen Eigentümers eines Grundstücks bestellt sind (nicht etwa auch die beschränkten persönlichen Dienstbarkeiten nach §§ 1090 ff. BGB. oder das subjektiv persönliche Vorkaufsrecht nach § 1094 I BGB. im Gegensatz zum subjektiv dinglichen Vorkaufsrecht nach § 1094 II BGB.).

Da die Grunddienstbarkeiten und Vorkaufsrechte dingliche Wirkung nur durch die Eintragung in das Grundbuch erhalten (§ 873 BGB.), so braucht der Schätzer diese Rechte gemäß § 19 II SchA. nur zu berücksichtigen, wenn sie in das Grundbuch eingetragen sind. Eine Ausnahme hievon machen die Grunddienstbarkeiten, die schon zu der Zeit bestanden, zu welcher das Grundbuch als angelegt anzusehen ist. Diese müssen zur Erhaltung der Wirksamkeit gegenüber dem öffentlichen Glauben des Grundbuchs vorerst noch nicht in das Grundbuch eingetragen werden, da eine Königliche Verordnung im Sinne des Art. 10 II ÜG. bis jetzt noch nicht erlassen ist (s. Art. 184, 187 EG. BGB. und Art. 10 ÜG.). Wenn das Bestehen derartiger, nicht in das Grundbuch eingetragener Grunddienstbarkeiten von dem Eigentümer behauptet wird, wird sie der Schätzer nur dann berücksichtigen, wenn sie ihm in glaubhafter Weise nachgewiesen sind. Bei der Festsetzung des Wertes der Grunddienstbarkeiten und Vorkaufsrechte herrscht freies Ermessen des Schätzers. Die nach Abs. I und II festgestellten Beträge müssen in der Schätzungssumme enthalten sein (§ 21 SchA.).

§ 20.

I Von den Lasten des Grundstücks sind bei der Feststellung des Wertes die Hypotheken, Grundschulden, Rentenschulden, Reallasten und Leibgedinge, deren Betrag ohnehin aus dem Grundbuch ersichtlich ist, außer Betracht zu lassen.[1]

II Dagegen sind Dienstbarkeiten und Erbbaurechte in der Weise zu berücksichtigen, daß neben dem Werte, den das Grundstück ohne die Belastung hat, die Wertsminderung, die es durch die Belastung erleidet, gesondert festgestellt wird.[2]

III Bodenzinse und Vorkaufsrechte sind nicht zu berücksichtigen.[3]

1. In § 19 werden (neben dem Zubehör) die mit dem Grundstücke, dessen Wert ermittelt werden soll, verbundenen Rechte behandelt. In § 20 ist von den Belastungen des Grundstücks die Rede.

Da bei den Hypotheken (§§ 1113 ff. BGB.), Grundschulden (§§ 1191 ff. BGB.), Rentenschulden (§ 1199 BGB.) und Reallasten (§§ 1105 ff. BGB., s. a. Anm. 2 zu § 19) der Betrag der Lasten aus dem Grundbuch bzw. aus den Grundbuchanlagen zu ersehen ist, braucht eine besondere Feststellung dieser Lasten im Schätzungsverfahren nicht zu erfolgen. Der Gläubiger, der dem Grundstückseigentümer Kredit gewähren will, kann sich durch Einsicht des Grundbuchs (§ 11 GBO.) selbst Kenntnis über die Höhe dieser Lasten verschaffen. Wegen der Leibgedinge s. Henle-Schneider AG. BGB. Vorbemerkungen zu Art. 32. Im übrigen s. a. Art. 96 EG. BGB., Art. 32—48 AG. BGB., Art. 27 AG. GBO., §§ 382, 384 Nr. 1, 254 DAnw., Art. 48 ÜG., § 50 GBO. und §§ 759—761 BGB.

Die Leibgedinge werden eingetragen teils als Dienstbarkeiten und zwar als Wohnungsrecht, falls dem Berechtigten ein auf dem Grundstücke befindliches Gebäude oder ein Teil eines solchen Gebäudes als Wohnung zum ausschließlichen Gebrauche zu gewähren ist, als persönliche Dienstbarkeit, falls dem Berechtigten ein Teil des Grundstücks zu sonstiger Benutzung zu gewähren ist, oder als Reallasten, soweit andere wiederkehrende Leistungen zu entrichten sind (Art. 41, 37 und 38 AG.

BGB. und § 1093 BGB.). Wenn also § 20 I neben den Reallasten noch die Leibgedinge aufführt, so sind darunter die als Reallasten eingetragenen Leibgedinge zu verstehen, während in den „Dienstbarkeiten" des Abs. II des § 20 SchA. die als Dienstbarkeiten eingetragenen Reallasten mit inbegriffen sind. Soweit die Leibgedinge Reallasten sind, kann der Betrag der Lasten aus dem Grundbuch (bzw. den Grundbuchanlagen, § 50 GBO.) ersehen werden. Einer besonderen Feststellung bedarf es daher im Schätzungsverfahren nicht. Sind dagegen die „Leibgedinge" als Dienstbarkeiten (als Wohnungsrecht oder als persönliche Dienstbarkeit, s. o.) eingetragen, so muß die Belastung gemäß § 20 II gesondert festgestellt werden.

2. Unter Dienstbarkeiten sind zu verstehen a) Grunddienstbarkeiten (§§ 1018—1029 BGB.), b) Nießbrauch (§§ 1030—1089 BGB.), c) beschränkte persönliche Dienstbarkeiten (§§ 1090—1093 BGB.). Wegen der Leibgedinge, die als Dienstbarkeiten eingetragen sind, s. Anm. 1. Wegen Erbbaurecht s. §§ 1012—1017 BGB. und § 7 GBO. Da die Dienstbarkeiten und Erbbaurechte dingliche Wirkung nur durch die Eintragung in das Grundbuch erhalten (§ 873 BGB.), so müssen diese Belastungen gemäß § 20 II SchA. nur berücksichtigt werden, wenn sie in das Grundbuch eingetragen sind. (Bezüglich der Dienstbarkeiten und Erbbaurechte, die schon zur Zeit des Inkrafttretens des Bürgerlichen Gesetzbuches bestanden, s. Art. 184 u. 189 EG. BGB.). Da Art. 187 EG. BGB. sich nur auf die Grunddienstbarkeiten bezieht und eine entsprechende Anwendung auf beschränkte persönliche Dienstbarkeiten nicht gestattet, so wird der Schätzer nur die in das Grundbuch eingetragenen Dienstbarkeiten berücksichtigen müssen mit Ausnahme der schon vor Anlegung des Grundbuchs bestandenen Grunddienstbarkeiten, s. hierüber § 19 Anm. 3.

Unter „Erbbaurechte" nach § 20 II SchA. sind nicht nur das Erbbaurecht im Sinne des BGB. § 1012, sondern auch die dem Erbbaurecht entsprechenden früheren Rechte (superficies, Platzrecht, Bau- und Kellerrecht) zu verstehen. Auch die früheren Rechte braucht der Schätzer nur zu berücksichtigen, wenn sie in das Grundbuch eingetragen sind (s. Henle-Dandl, Anlegung des Grundbuchs S. 41, 78, 131, 154, 186, 299). Die Feststellung der Wertsminderung, die das Grundstück durch die Dienstbarkeiten und Erbbaurechte erleidet, erfolgt nach freiem Ermessen des Schätzers.

3. S. wegen Bodenzinse Anm. 9 zu § 12 SchA. Unter Vorkaufsrecht ist hier das subjektiv persönliche Vorkaufsrecht nach § 1094 I BGB. zu verstehen. Das subjektiv dingliche Vorkaufsrecht nach § 1094 II BGB. ist gemäß § 19 II SchA. zu berücksichtigen.

§ 21.

Bei jeder Schätzung ist der Gesamtwert des abzuschätzenden Grundbesitzes (Schätzungssumme) unter Zurechnung der nach § 19 Abs. 1 und 2 festgestellten Beträge und unter Abrechnung der nach § 20 Abs. 2 festgestellten Beträge anzugeben.

S. Bem. zu §§ 19 und 20.

Der Gesamtwert des abzuschätzenden Grundbesitzes ist ziffermäßig festzustellen. Die nach § 19 I und II festgestellten Beträge sind dem ermittelten Wert hinzuzurechnen, die nach § 20 II festgestellten Beträge sind dagegen abzuziehen. Das Endergebnis bildet die Schätzungssumme.

Da aber die in § 20 I aufgeführten Lasten, ebenso die Bodenzinse und Vorkaufsrechte (§ 20 III SchA.) in der Schätzungssumme nicht berücksichtigt sind, muß der Gläubiger den Betrag dieser Belastungen von der Schätzungssumme noch in Abzug bringen bzw. die Wertsminderung, die das Grundstück durch die Belastungen erleidet, berücksichtigen. Erst dann steht für den Gläubiger der wirkliche Wert des Grundstücks fest. Jetzt erst kann er sich entscheiden, ob er dann dem Grundstückseigentümer einen Kredit gewähren darf oder nicht. Die Schätzungssumme wird in das Grundbuch nicht eingetragen (§ 468 II DAnw.).

§ 22.

I Die Vernehmung der Schätzer erfolgt in der Regel mündlich [1] am Sitze des Amtsgerichts oder des Notariats. [2] Ausnahmsweise, wenn besondere Gründe dafür vorliegen, [3] kann den Schätzern die Beibringung eines schriftlichen Gutachtens gestattet werden; in diesem Falle haben sie das schriftliche Gutachten dem Amtsrichter oder dem Notare persönlich [4] zu übergeben.

II Findet die Besichtigung des Grundstücks in Gegenwart des Amtsrichters oder des Notars statt (§ 15 Abs. 2), so kann die Vernehmung der Schätzer im Anschluß an die Besichtigung an Ort und Stelle erfolgen. [5]

1. Ausnahme: Übergabe eines schriftlichen Gutachtens (§ 22 I S. 2). Die Regel ist die mündliche Vernehmung des Schätzers. Bei der mündlichen Vernehmung wird über die Vernehmung des Schätzers ein Protokoll aufgenommen. Hiebei dürfen die Notizen, die sich die Schätzer gemacht haben, verwertet werden.

2. Ausnahme: § 22 II.

3. Z. B. wenn es sich um ein umfangreiches oder schwieriges Gutachten handelt. Ob die Beibringung eines schriftlichen Gutachtens gestattet werden will, ist in das Ermessen des Gerichts bzw. des Notars gestellt.

4. Die persönliche Übergabe ist erforderlich, weil Amtsrichter und Notar den Inhalt des schriftlichen Gutachtens mit den Schätzern eingehend besprechen und, wenn das Gutachten unvollständig oder ungenau ist, die Ergänzung veranlassen sollen (§ 23 III S. 2 und § 24 II S. 3). Außerdem gelten die Vorschriften der §§ 23 I und II und 24 III auch für die Fälle, in denen die Schätzer ein schriftliches Gutachten übergeben.

5. Ausnahme von der Regel des § 22 I S. 1, wonach die Vernehmung am Sitze des Amtsgerichts oder des Notariats erfolgt.

§ 23.

I Vor der Vernehmung sind die Schätzer an ihren Eid zu erinnern und in angemessener Weise auf ihre Verpflichtung zum Ersatze des aus einer etwaigen vorsätzlichen oder fahrlässigen Verletzung ihrer Berufspflicht entstehenden Schadens (§ 6 Abs. 2) hinzuweisen.[1] Wird ein besonderer Schätzer (§ 3 Abs. 2) zugezogen, so ist er vor der Vernehmung nach der Vorschrift des § 6 und des § 7 Abs. 1 zu beeidigen.[2]

II Bei der Vernehmung darf der Amtsrichter oder der Notar sich nicht auf die Entgegennahme der Schätzung beschränken; er hat vielmehr darauf hinzuwirken, daß alle für die Wertbemessung wesentlichen Umstände (§§ 17—21) gehörig berücksichtigt und die für die Schätzung maßgebenden Gründe angegeben werden.[3]

III Die Vorschriften der Abs. 1, 2 gelten auch für die Fälle, in denen die Schätzer ein schriftliches Gutachten übergeben (§ 22 Abs. 1 Satz 2). Der Amtsrichter oder der Notar sollen den Inhalt des schriftlichen Gutachtens mit den Schätzern eingehend besprechen und, wenn das Gutachten unvollständig oder ungenau ist, die Ergänzung veranlassen.[4]

1. Die ständigen Schätzer werden schon vor der Vernehmung ernannt und beeidigt (§§ 1 ff. SchA.). Sie sind deshalb lediglich an ihren Eid zu erinnern. Außerdem sind sie auf ihre etwaige Verpflichtung zum Schadensersatz hinzuweisen. Im Schätzungsprotokoll ist dies festzustellen. Die Nichtbeachtung der Vorschrift des § 23 I S. 1 hat zwar kein unwirksames Schätzungsverfahren zur Folge. Ebensowenig steht dem Eigentümer bei Nichtbeachtung der Vorschrift ein Beschwerderecht zum Landgericht zu (§ 20 FGG. und Art. 129 AG. BGB. Nur Dienstaufsichtsbeschwerde, s. Anm. 4 zu § 15). Aber trotzdem müssen Richter und Notar die Vorschrift des § 23 I S. 1 gewissenhaft beachten. Denn in vielen Fällen wird eine eindringliche Erinnerung an den Eid und eine ernste Belehrung über die Verpflichtung zum Schadensersatz von zu hohen Schätzungen abhalten. Die Vorschrift des § 23 I S. 1 gilt nicht nur dann, wenn die Schätzer mündlich vernommen werden, sondern auch für die Fälle, in denen die Schätzer ein schriftliches Gutachten übergeben (§§ 22 I S. 2 und § 23 III S. 1). Im übrigen s. Anm. 5 zu § 6.

2. Wegen der besonderen Schätzer s. Anm. 6 zu § 3.

Da der besondere Schätzer unmittelbar vor seiner Vernehmung beeidigt wird, so erübrigt sich selbstverständlich eine nochmalige Erinnerung an den Eid nach § 23 I S. 1. Die Vorschrift des § 23 I S. 2 trifft auch für den Fall zu, in dem der besondere Schätzer ein schriftliches Gutachten übergibt § 23 III S. 1. Es ist nicht nötig, den besonderen Schätzer schon früher als unmittelbar vor seiner Vernehmung zu beeidigen, da das Gutachten in jedem Falle durch den Eid getroffen wird.

3. Da es sich bei dem Schätzungsverfahren nach §§ 12 ff. um ein amtliches Schätzungsverfahren (Gegensatz: nichtamtliche Schätzungen § 29) handelt, so genügt es nicht, wenn die Schätzer von dem Gericht oder dem Notar mündlich vernommen werden und über die mündliche Vernehmung der Schätzer ein Protokoll aufgenommen wird (§ 24 I). Gericht und Notar haben vielmehr darauf hinzuwirken, daß die Schätzung möglichst richtig und objektiv ausfällt. Sie haben deshalb zu prüfen, ob von den Schätzern die für die Wertsermittlung wesentlichen Umstände (§§ 17—21) gehörig berücksichtigt wurden (§ 24 Ziff. 4 und 5). Wenn ein schriftliches Gutachten übergeben wird, haben sie seinen Inhalt mit den Schätzern eingehend zu besprechen. Ist eine Ergänzung veranlaßt, weil das schriftliche Gutachten unvollständig und ungenau ist, so ist die Ergänzung in das Schätzungsprotokoll aufzunehmen oder es sind die Schätzer zu veranlassen, das schriftliche Gutachten zu ergänzen (§§ 23 III und 24 II). M. a. W. Richter und Notar sollen bei Vernehmung der Schätzer eine wirksame Kontrolle darüber üben, ob die Schätzer bei Abgabe ihres Gutachtens von den richtigen Erwägungen ausgegangen sind. Durch ihre Mitwirkung sollen etwaige Mängel einer Schätzung verhütet werden. Die amtliche, d. h. unter Mitwirkung des Gerichts oder Notars vorgenommene Schätzung bietet daher eine größere Gewähr für eine richtige Wertsermittlung als die nichtamtliche.

4. S. Anm. 1, 2 und 3 zu § 23.

§ 24.

I Über die mündliche Vernehmung der Schätzer [1] ist ein Protokoll (Schätzungsprotokoll) [2] aufzunehmen. Das Protokoll soll enthalten:

1. den Ort und Tag der Vernehmung, [3]
2. die Bezeichnung des Antrags und die Feststellung, ob der Eigentümer der Vernehmung anwohnt, [4]
3. die Namen der Schätzer, den Tag der Beeidigung und die Feststellung, daß Hinderungsgründe der im § 14 Abs. 1 bezeichneten Art nicht bekannt sind, [5]
4. die im § 18 Abs. 1 und in den §§ 19, 20 bezeichneten Angaben und Feststellungen, [6]
5. die Schätzungssumme und, wenn für ihre Bemessung

besondere Gründe maßgebend waren, die Angabe dieser Gründe,[7]

6. die Bodenzinsbelastung nach Maßgabe des rentamtlichen Zeugnisses.[8]

II Wird von den Schätzern ein schriftliches Gutachten vorgelegt (§ 22 Abs. 1 Satz 2), so ist hierüber ebenfalls ein Protokoll aufzunehmen. In dieses sind die im Abs. 1 bezeichneten Angaben nur insoweit aufzunehmen, als sie nicht schon in dem Gutachten enthalten sind. Ist das schriftliche Gutachten unvollständig oder ungenau, so kann die Ergänzung (§ 23 Abs. 3) in das Protokoll aufgenommen werden. Das schriftliche Gutachten ist als Beilage des Protokolls zu behandeln.[9]

III Das Protokoll ist vorzulesen, von den Schätzern zu genehmigen, von ihnen, dem Richter und, wenn ein Gerichtsschreiber beigezogen ist, auch von diesem zu unterschreiben.[10]

1. S. §§ 15, 22 I S. 1 SchA. Auch wenn ein schriftliches Gutachten vorgelegt wird (§ 22 I S. 2), ist hierüber ein Protokoll aufzunehmen (§ 24 II S. 1 und 2).

2. Das Schätzungsprotokoll (s. Formular) kann der Richter selbst aufnehmen oder er kann einen Gerichtsschreiber beiziehen. In letzterem Falle ist das Protokoll auch von dem Gerichtsschreiber zu unterschreiben (§ 24 III). Erfolgt die Vernehmung durch den Notar (§§ 13, 15, 22 SchA.), so finden neben der Vorschrift des § 24 I und II SchA. die allgemeinen Vorschriften über die Form notarieller Urkunden Anwendung (Art. 25 NotG., §§ 104, 119, 124, 141, 144 NotGeschO.).

Nach diesen Vorschriften ist jede notarielle Urkunde — das Schätzungsprotokoll ist eine notarielle Urkunde — vorzulesen, von den Beteiligten zu genehmigen, von ihnen und dem Notar zu unterschreiben. Eine besondere Vorschrift wie die des § 24 III war daher für die Aufnahme des Protokolls durch den Notar nicht mehr erforderlich.

3. Der Ort der Vernehmung ist in der Regel der Sitz des Amtsgerichts oder des Notariats (§ 22 I S. 1). Ausnahme §§ 15 II und 22 II, s. a. Art. 25 NotG. und § 124 NotGeschO.

4. S. §§ 12 und 15 III und Bemerkungen hiezu. Wenn ein Bevollmächtigter für den Eigentümer der Vernehmung anwohnt, ist dies ebenfalls festzustellen.

5. S. §§ 7 und 14 und Bemerkungen hiezu. Zweckdienlich wird es sein, in dem Protokoll festzustellen, ob der Richter bzw. der Notar die Schätzer und die Beteiligten kennt oder, sofern dies nicht der Fall ist, in welcher Weise er sich Gewißheit über ihre Persönlichkeit verschafft hat (s. a. § 176 III FGG. und Formular).

6. S. Bem. zu §§ 18, 19 und 20. Die Angaben und Feststellungen braucht das Protokoll nur insoweit zu enthalten, als sie für die Zwecke der jeweiligen Schätzung von erheblicher Bedeutung sind.

7. S. § 21 SchA. Die Gründe, die für die Bemessung der Schätzungssumme maßgebend waren, sind in allen Fällen im Protokoll anzugeben (s. a. § 23 II SchA.). Die Schätzungssumme soll mit Ziffern und Buchstaben geschrieben werden.

8. S. Anm. 9 zu § 12.

9. S. Anm. 3 zu § 23. Die Ergänzung kann in das Protokoll aufgenommen werden. Die Schätzer können aber auch veranlaßt werden, das schriftliche Gutachten zu ergänzen. Das schriftliche Gutachten wird am zweckmäßigsten dem Protokoll beigeheftet.

10. S. Anm. 2 zu § 24.

§ 25.

Einigen sich die Schätzer nicht über den Wert des Grundstücks, so sind ihre Schätzungen gesondert in das Protokoll aufzunehmen.

In der Regel werden sich die Schätzer über den Wert des Grundstücks einigen. Einigen sie sich nicht, so soll der Amtsrichter bzw. der Notar ausgleichend wirken und eine Einigung zu erreichen suchen. Einigen sich die Schätzer nicht, so sind die Schätzungen gesondert in das Protokoll aufzunehmen. Es sind also die von den Schätzern gemäß § 18 Ziff. 3 (der Wert der Grundfläche und des Bauwerks, der bauliche Zustand), § 18 Ziff. 4 und 6, §§ 19, 20 II und 21 gemachten Angaben und Feststellungen gesondert in das Protokoll aufzunehmen. Nicht nötig ist es, im Protokoll anzugeben, welche Durchschnittssumme sich aus den abweichenden Schätzungen der Schätzer ergibt. Unzulässig ist es, falls die beiden Schätzer sich nicht über den Wert des Grundstücks einigen, ein Obergutachten zu erholen oder das Schätzungsverfahren unter Zuziehung eines dritten Schätzers zu wiederholen.

Wenn der Eigentümer mit der Schätzung nicht zufrieden ist (die Schätzer haben sich aber geeinigt), so bleibt es ihm natürlich unbenommen, das Grundstück nochmals *nichtamtlich* (§ 29 SchA.) schätzen zu lassen. Dagegen ist ein neues *amtliches* Schätzungsverfahren unter Zuziehung anderer Schätzer nicht zulässig. Denn die Autorität der Schätzer muß anerkannt werden, sobald beide einig sind und das Gericht von Amts wegen keinen Anlaß hat, auf Grund des § 8 Nr. 2, 3 Schritte zu tun.

§ 26.

Die Schätzungsprotokolle sind in einem Umschlage zu sammeln und fortlaufend zu numerieren;[1] in die einzelnen Protokolle sind die auf die Schätzung erwachsenen Schriftstücke einzulegen.[2]

1. Dieselbe Vorschrift wie für die Beeidigungsprotokolle, s. § 7 I S. 3.

2. S. § 24 II letzter Satz (schriftliches Gutachten, s. a. Anm. 9 zu § 24). Als weitere auf die Schätzung erwachsene Schriftstücke kommen in Betracht: schriftlicher Antrag bzw. Protokoll gemäß § 12 I, II und VI, Auszug aus dem Grundsteuerkataster, Zeugnis über die Belastung mit

Bodenzinsen, Aufnahmsurkunde der Versicherungskammer, Abteilung für Brandversicherung bzw. Auszug aus dem Grundbuche der Versicherungskammer, Verzeichnis der Miet- und Pachtzinse (§ 12 II).

Die vom Notar aufgenommenen Schätzungsprotokolle sind nach den Vorschriften der §§ 266—269 NotGeschO. in die allgemeine Urkundensammlung aufzunehmen.

§ 27.

Eine beglaubigte Abschrift [1] des Schätzungsprotokolls ist auf Verlangen dem Eigentümer oder, wenn er eine andere Person bezeichnet, dieser auszuhändigen.[2]

1. S. § 34 FGG. und Art. 129 AG. BGB. Die Abschrift beglaubigt der Amtsrichter bzw. der Notar, s. a. Art. 34 NotG. und §§ 290—299 NotGeschO.

2. S. a. § 15 III SchA. Die Erteilung einer Vollmacht zur Empfangnahme der beglaubigten Abschrift des Schätzungsprotololls ist nicht erforderlich. Es genügt, wenn der Eigentümer mündlich oder schriftlich dem Gericht bzw. dem Notar die Person, die zum Empfang der Abschrift berechtigt sein soll (z. B. Notariat, Bank, Sparkasse usw.), bezeichnet.

3. Gebühren.

§ 28.[1]

I Die Schätzer erhalten Gebühren nach den Vorschriften der Gebührenordnung für Zeugen und Sachverständige vom 30. Juni 1878 in der Fassung der Bekanntmachung vom 20. Mai 1898 (RGBl. 1898 S. 689).[2] Die Annahme besonderer Vergütungen von den Beteiligten ist ihnen verboten.[3] Die Gebühren werden von dem Amtsgericht oder, wenn der Notar die Schätzer vernommen hat, von diesem festgesetzt und ausgezahlt.[4] Gegen die Festsetzung findet die Beschwerde zum Landgerichte, gegen die Entscheidung des Landgerichts die weitere Beschwerde zum Obersten Landesgerichte statt.[5]

II Für die Vernehmung der Schätzer wird die im Artikel 132*) des Gesetzes über das Gebührenwesen in der Fassung der Bekanntmachung vom 28. April 1907 GVBl. S. 395) festgesetzte Gebühr erhoben.[6] Wird die Vernehmung von dem Notar vorgenommen, so steht ihm die im Art. 36 der Notariatsgebührenordnung vom 28. Dezember 1899 (GVBl. S. 1183) festgesetzte Gebühr zu.[7]

---

*) Artikel 131 des Entwurfs eines Kostengesetzes, vorgelegt dem Bayer. Landtag am 2. März 1913.

III Das Amtsgericht oder der Notar können die Festsetzung des Vernehmungstermins (§ 15 Abs. 1 Satz 1) davon abhängig machen, daß ein Vorschuß zur Deckung der Gebühren und Kosten hinterlegt wird.[8]

1. Die Vorschrift des § 28 findet nur Anwendung bei den amtlichen Schätzungen (§§ 12—27 SchA.). Bei den nichtamtlichen Schätzungen (§ 29) ist für die Gebühren der Schätzer die Vereinbarung der Beteiligten maßgebend (§ 29 II).

2. Die einschlägigen Paragraphen der Gebührenordnung lauten (s. a. Art. 5 GebG. und VO. vom 22. September 1879, Gebühren der Zeugen und Sachverständigen betr. und Art. 129 AG. BGB.):

§ 3. Der Sachverständige erhält für seine Leistungen eine Vergütung nach Maßgabe der erforderlichen Zeitversäumnis (Anm. a) im Betrage bis zu zwei Mark für jede angefangene Stunde.

Die Vergütung ist unter Berücksichtigung der Erwerbsverhältnisse des Sachverständigen zu bemessen und für jeden Tag auf nicht mehr als zehn Stunden zu gewähren.

Außerdem sind dem Sachverständigen die auf die Vorbereitung des Gutachtens verwendeten Kosten, sowie die für eine Untersuchung verbrauchten Stoffe und Werkzeuge zu vergüten (Anm. b).

§ 4. Bei schwierigen Untersuchungen und Sachprüfungen ist dem Sachverständigen auf Verlangen für die aufgetragene Leistung eine Vergütung nach dem üblichen Preise derselben und für die außerdem stattfindende Teilnahme am Termine die im § 3 bestimmte Vergütung zu gewähren (Anm. c).

Anm. a) Die Zeitversäumnis umfaßt nicht nur die auf die Teilnahme am Vernehmungstermin, sondern auch die auf die Besichtigung des Grundstücks verwendete Zeit (§ 15 I und II und § 22 II SchA.), s. a. § 5 GebO.

Anm. b) Abs. III kommt im Schätzungsverfahren nicht in Betracht.

Anm. c) Von der Vorschrift des § 4 GebO. ist nur dann Gebrauch zu machen, wenn der Schätzer ein schriftliches Gutachten (§ 24 II SchA.) zu bearbeiten hatte. Dann wird dem Schätzer für die Abfassung des Gutachtens eine Vergütung gemäß § 4 zugebilligt. Daneben erhält er für Besichtigung des Grundstücks und Teilnahme am Vernehmungstermin (Zeitversäumnis) eine Vergütung nach § 3 GebO.

Die weiteren Paragraphen lauten:

§ 5. Als versäumt gilt für den Sachverständigen auch die Zeit, während welcher er seine gewöhnliche Beschäftigung nicht wieder aufnehmen kann.

Anm.: Die Zeitversäumnis des § 3 I GebO. umfaßt also auch die Zeit, während welcher der Sachverständige seinen Beruf nicht wieder aufnehmen kann (s. a. Anm. a oben).

§ 6. Mußte der Sachverständige außerhalb seines Aufenthaltsortes einen Weg bis zur Entfernung von mehr als zwei Kilometer zurücklegen, so ist ihm außer den nach §§ 2 bis 5 zu bestimmenden Beträgen eine Entschädigung für die Reise und für den durch die Abwesenheit von dem Aufenthaltsorte verursachten Aufwand nach Maßgabe der folgenden Bestimmungen zu gewähren (s. §§ 15 I und II, 22 I und II SchA.).

§ 7. Soweit nach den persönlichen Verhältnissen des Sachverständigen oder nach äußeren Umständen die Benutzung von Transportmitteln für angemessen zu erachten ist, sind als Reiseentschädigung die nach billigem Ermessen in dem einzelnen Falle erforderlichen Kosten zu gewähren. In anderen Fällen beträgt die Reiseentschädigung für jedes angefangene Kilometer des Hinweges und des Rückweges fünf Pfennig.

§ 8. Die Entschädigung für den durch Abwesenheit von dem Aufenthaltsorte verursachten Aufwand ist nach den persönlichen Verhältnissen des Sachverständigen zu bemessen, soll jedoch den Betrag von fünf Mark für jeden Tag, an welchem der Sachverständige abwesend gewesen ist, und von drei Mark für jedes außerhalb genommene Nachtquartier nicht überschreiten.

§ 9. Mußte der Sachverständige innerhalb seines Aufenthaltsortes einen Weg bis zu einer Entfernung von mehr als zwei Kilometer zurücklegen, so ist ihm für den ganzen zurückgelegten Weg eine Reiseentschädigung nach den Vorschriften des § 7 zu gewähren.

§ 10. Konnte der Sachverständige den erforderlichen Weg ohne Benützung von Transportmitteln nicht zurücklegen, so sind die nach billigem Ermessen erforderlichen Kosten auch außer den in den §§ 6, 9 bestimmten Fällen zu gewähren.

§ 11. Abgaben für die erforderliche Benutzung eines Weges sind in jedem Falle zu erstatten.

§ 16. Die Gebühren der Sachverständigen werden nur auf Verlangen derselben gewährt. Der Anspruch erlischt, wenn das Verlangen binnen drei Monaten nach Beendigung der Zuziehung oder Abgabe des Gutachtens bei dem zuständigen Gerichte [oder Notar § 28 II S. 2 SchA.] nicht eingebracht wird.

§ 17 Abs. II. Sofern die Beträge aus der Staatskasse gezahlt und dieser nicht erstattet sind, kann die Festsetzung von dem Gericht [oder dem Notar § 28 II S. 2 SchA.], durch welche sie erfolgt ist, sowie von dem Gericht der höhern Instanz von Amts wegen berichtigt werden (s. § 28 III SchA.).

(Dem Reichstag ging der Entwurf eines Gesetzes betreff Änderung der Gebührenordnung für Zeugen und Sachverständige zu.)

3. Ein Vertrag zwischen Schätzer und Grundstückseigentümer (bzw. Gläubiger), wonach der Schätzer außer den Gebühren des § 28 SchA. eine besondere Vergütung erhalten soll, ist nichtig (§ 134 BGB. und Staudinger BGB. § 134 Anm. II). Die besondere Vergütung kann der Grundstückseigentümer von dem Schätzer nach den Vorschriften über ungerechtfertigte Bereicherung (§§ 812 ff., insbesondere § 817 BGB.) zurückverlangen.

4. Damit die Staatskasse bzw. der Notar durch die Auszahlung der Gebühren nicht geschädigt wird, wurde die Vorschrift des § 28 III SchA. erlassen. Den Vorschuß hat der Antragsteller (§ 12 I SchA.) zu hinterlegen.

5. Das amtliche Schätzungsverfahren (§§ 12—27 SchA.) ist eine Angelegenheit der freiwilligen Gerichtsbarkeit (s. Einl. II B). Für die Gebühren in diesem Schätzungsverfahren kommen deshalb neben § 28 SchA. die Vorschriften der Art. 39 ff. GebG. in Betracht.

Gegen die Festsetzung der Gebühren findet die Beschwerde statt. Die Einlegung von Erinnerungen im Sinne des § 4 GKG. ist unzulässig, da § 4 GKG. gemäß Art. 39 GebG. keine Anwendung findet.

Die Beschwerde kann bei dem Gerichte, dessen Festsetzung angefochten wird, oder bei dem Landgericht durch Einreichung einer Beschwerdeschrift oder durch Erklärung zum Protokolle des Gerichtsschreibers eingelegt werden. Hat der Zahlungspflichtige (d. i. der Eigentümer des Grundstücks) Beschwerde eingelegt, so ist die Beschwerde der Regierungsfinanzkammer mitzuteilen. Die Beschwerde hat keine aufschiebende Wirkung. Die Entscheidung des Beschwerdegerichts ist mit Gründen zu versehen (Art. 48 GebG., s. a. §§ 21, 24, 25 FGG. und Art. 129 AG. BGB.). Gegen die Entscheidung des Landgerichts ist die weitere Beschwerde zum Obersten Landgerichte zulässig, wenn die Entscheidung auf einer Verletzung des Gesetzes beruht (s. Pfaff-Reisenegger-Schmidt GebG. Art. 49 Anm. 3). Die Vorschriften der §§ 550, 551, 559, 561, 563, 574 ZPO. finden entsprechende Anwendung. Die weitere Beschwerde kann also nur eingelegt werden, wenn eine Gesetzesverletzung behauptet wird. Die weitere Beschwerde kann bei dem Gericht erster Instanz oder bei dem Beschwerdegericht oder bei dem Obersten Landesgericht nach Maßgabe der Vorschrift des Art. 48 Abs. I GebG. eingelegt werden. Hienach kann die weitere Beschwerde zum Protokoll des Gerichtsschreibers nur bei dem Landgericht und bei dem Obersten Landesgericht, nicht auch bei dem Amtsgericht eingelegt werden (s. E. d. ObLG. Bd. V n. F. S. 606, a. M. Pfaff-Reisenegger-Schmidt GebG. Art. 49 Anm. 6).

Erfolgt die Einlegung der Beschwerde durch Einreichung einer Beschwerdeschrift, so muß diese von einem Rechtsanwalt unterzeichnet sein und zwar von einem Rechtsanwalt, der bei dem Gerichte zugelassen ist, bei dem die Beschwerdeschrift eingereicht wird (ObLG. 6. April 1908 Bd. 9 S. 193). Der Zuziehung eines Rechtsanwaltes bedarf es nicht, wenn die weitere Beschwerde von einer Behörde (z. B. von einem Stadtmagistrat, einer Gemeindebehörde usw.) eingelegt wird.

Auf die weitere Beschwerde finden die Vorschriften des § 22 FGG. und Art. 48 III, IV und V GebG. entsprechende Anwendung.

Über die weitere Beschwerde ist der Staatsanwalt mit gutachtlicher Äußerung zu hören (Art. 49 GebG., s. a. §§ 29 und 199 FGG., Art. 42 III AG. GVG. und Art. 129 AG. BGB.). Gegen die Entscheidung des Obersten Landesgerichts findet kein Rechtsmittel statt (Art. 50 II GebG.).

6. Art. 132 (soweit einschlägig) lautet:

Eine Gebühr von 1 *M* wird erhoben für die Vernehmung der Sachverständigen zur Ermittelung des Wertes von Grundstücken nach Art. 87 AG. BGB.

7. Art. 36 lautet:

Für die Beurkundung der Aussagen von Sachverständigen und für die Beurkundung von Schätzungen wird die Zeitgebühr erhoben. Die Zeitgebühr beträgt 2 *M* für jede Stunde (Art. 15 NotGebO.).

Für die Berechnung der Zeitgebühr kommt nicht bloß die zur Vornahme des Geschäfts selbst, sondern auch die zu den notwendigen Vorarbeiten (Besprechung, Akteneinsicht usw.) verwendete Zeit in Anschlag (Art. 13 NotGebO.). Die Zeitgebühr wird nach Stunden bemessen. Ist die insgesamt für ein Geschäft aufgewendete Zeit geringer als eine Stunde oder ergibt sich bei der Zusammenrechnung außer vollen Stunden noch ein Bruchteil, so wird zur vollen Stunde aufgerundet (Art. 14 NotGebO.). Die Gerichtsgebühr für das Schätzungsverfahren ist niedriger als die Notariatsgebühr. Das Schätzungsverfahren vor dem Amtsgericht ist also das billigere.

8. S. Anm. 4 zu § 28. Ist der Antragsteller (Eigentümer) außerstande, ohne Beeinträchtigung des für ihn und seine Familie notwendigen Unterhalts den Vorschuß zu hinterlegen und die Kosten des Verfahrens zu bestreiten, so kann er um Bewilligung des Armenrechts nachsuchen (§ 14 FGG. und Art. 129 AG. BGB.). Das Gesuch ist beim Amtsgericht oder beim Notar anzubringen (§ 12 II SchA.), die auch über die Bewilligung des Armenrechts entscheiden. (Im übrigen s. §§ 114 ff. ZPO. und Keidel FGG. Bem. zu § 14.)

II. Nichtamtliche Schätzungen.[1]

§ 29.

Die Schätzer können auf Ersuchen von Beteiligten diesen unmittelbar Gutachten über den Wert von Grundstücken (Privatschätzungen) abgeben. Derartige Privatschätzungen, die nicht nach den Vorschriften der §§ 12—27 unter der Mitwirkung des Amtsgerichts oder des Notars ausgeführt werden, haben aber nicht die Bedeutung einer amtlichen Wertsfeststellung im Sinne des Artikel 87 des Ausführungsgesetzes zum Bürgerlichen Gesetzbuche;[2] der Schätzer haftet für eine Privatschätzung nicht nach den Vorschriften des Artikel 88 dieses Gesetzes, sondern nur nach den allgemeinen Vorschriften des bürgerlichen Rechtes.[3] Bei der Abgabe des Gutachtens haben die Schätzer in solchen Fällen in der Überschrift des Gutachtens oder auf andere Weise deutlich erkennbar zu machen, daß es sich nur um eine Privatschätzung handelt. Es ist unzulässig, derartige Privatschätzungen mit dem Gemeindesiegel oder der Unterschrift des Bürgermeisters nach Art einer gemeindlichen Bestätigung zu versehen.[4]

II Für die Gebühren sind nicht die Vorschriften des § 28, sondern die Vereinbarung der Beteiligten maßgebend.[5]

1. S. Einl. III.

2. Die nichtamtlichen Schätzungen unterscheiden sich von den amtlichen Schätzungen (§§ 12–27 SchA.) dadurch, daß sie ohne Mitwirkung des Gerichts oder des Notars ausgeführt werden. Obwohl für eine richtige Feststellung des Grundstückswerts die Privatschätzungen nicht dieselbe Gewähr wie die amtlichen Schätzungen bieten (s. § 23 Anm. 3), wird von den ersteren (wenigstens bis jetzt) häufiger Gebrauch gemacht. Ob die amtlichen Schätzungen für die Zukunft beim Publikum mehr Anklang finden werden, dürfte fraglich sein.

Die Privatschätzung wird der Grundstückseigentümer nur dann wählen können, wenn sich der Gläubiger damit einverstanden erklärt. Hat sich z. B. jemand bei Nachweis eines bestimmten Wertes des Grundstücks dem Grundstückseigentümer gegenüber zur Hingabe eines Darlehens vertragsmäßig verpflichtet, so wird der Gläubiger das Darlehen nur dann bewilligen müssen, wenn ihm durch eine amtliche Schätzung der Wert des Grundstücks nachgewiesen wird, auch wenn zwischen den Beteiligten eine derartige Vereinbarung nicht ausdrücklich getroffen wurde. Im Zweifelsfall wird also der zur Schätzung seines Grundstücks verpflichtete Eigentümer stets die amtliche Schätzung wählen müssen.

3. S. Anm. 5 zu § 6. Der Schätzer haftet also nicht ohne weiteres den Hypotheken-, Grundschuld- oder Rentenschuldgläubigern wie im Falle der amtlichen Schätzung nach Art. 88 AG. BGB. Eine Haftung gegenüber diesen Gläubigern besteht nur dann, wenn der Schätzer in ihrem Auftrag die Schätzung vorgenommen hat. Da in der Regel der Auftrag zur Schätzung vom Eigentümer ausgeht, so haftet bei den Privatschätzungen der Schätzer in den wenigsten Fällen dem Gläubiger.

Es fragt sich nun, nach welchen Vorschriften des bürgerlichen Rechts der Schätzer dem Grundstückeigentümer bzw. Gläubiger für eine Privatschätzung haftet.

Wenn man den zwischen dem Eigentümer bzw. dem Gläubiger und dem Schätzer auf Schätzung eines Grundstücks geschlossenen Vertrag überhaupt unter einen bestimmten Vertrag des BGB. bringen will, so wird er einem Dienstvertrag, der eine Geschäftsbesorgung zum Gegenstande hat (§ 675 BGB.), am nächsten kommen. Ein reiner Dienstvertrag im Sinne der §§ 611 ff. BGB. liegt nicht vor, da die von dem Schätzer zu leistende Arbeit der Leitung des Grundstückseigentümers (bzw. des Gläubigers) nicht unterstellt ist. Der Schätzer nimmt gegenüber dem Eigentümer (bzw. Gläubiger) eine selbständige Stellung ein. Auch fehlt es an dem sonstigen allgemeinen Abhängigkeitsmoment, wie es der Dienstvertrag nach §§ 611 ff. BGB. voraussetzt. Dazu kommt, daß die Stellung des Schätzers zugleich öffentlichrechtlicher Art ist (s. § 30 SchA. und Bem. hiezu). Auch als Werkvertrag kann der mit dem Schätzer geschlossene Vertrag nicht aufgefaßt werden, da mit der Schätzung ein besonderer Erfolg nicht herbeigeführt werden soll.

Wenn die rechtlichen Beziehungen zwischen Eigentümer (Gläubiger) und Schätzer nach § 675 BGB. zu beurteilen sind, so folgt u. a. daraus, daß der Schätzer verpflichtet ist, wenn er einen auf eine Schätzung gerichteten Auftrag nicht annimmt, die Ablehnung dem Auftraggeber unverzüglich anzuzeigen. Ebenso hat er im Zweifel die Schätzung in Person vorzunehmen (§ 613 BGB.). Ohne Ermächtigung seines Auftraggebers darf er nicht einen andern Schätzer mit der Schätzung betrauen. Wenn ein wichtiger Grund vorliegt, kann von jedem Teil (Eigentümer bzw. Gläubiger und Schätzer) das Vertragsverhältnis gekündigt werden (§ 626 BGB. Nicht anwendbar dürfte § 627 BGB. sein, wonach die Kündigung auch ohne einen wichtigen Grund zulässig wäre) Der Schätzer haftet seinem Auftraggeber (Eigentümer oder Gläubiger) für Vorsatz und Fahrlässigkeit gemäß § 276 BGB. Daneben haftet der Schätzer wegen unerlaubter Handlung nach § 823 BGB. Im übrigen s. Anm. 5 zu § 6.

4. Es soll bei jeder Privatschätzung klar und deutlich zum Ausdruck gebracht werden, daß es sich um eine nichtamtliche Schätzung handelt. Alles, was der Schätzung den Anschein einer amtlichen Schätzung geben könnte, soll vermieden werden. Es ist also den Schätzern verboten, sich in der nichtamtlichen Schätzung als beeidigte oder öffentlich bestellte Schätzer zu bezeichnen oder auf die Bestallung und Vereidigung Bezug zu nehmen.

Ebenso ist es unzulässig, die Privatschätzungen mit dem Gemeindesiegel oder der Unterschrift des Bürgermeisters nach Art einer gemeindlichen Bestätigung zu versehen (§ 29 I letzter Satz). Wird die Unterschrift des Schätzers durch den Bürgermeister beglaubigt, was nicht nur üblich, sondern in gewissen Fällen geboten ist (s. § 5 III der Bekanntmachung vom 13. Mai 1905, die Anlegung von Gemeinde- und Stiftungsgeldern betr., JMBl. 1905 S. 701), so ist ausdrücklich hervorzuheben, daß die Beifügung des Gemeindesiegels und der Unterschrift des Bürgermeisters (oder seines Stellvertreters) lediglich zum Zwecke der Beglaubigung der Unterschrift des Schätzers erfolgt ist.

5. Es herrscht hier vollständige Vertragsfreiheit. Wegen der amtlichen Schätzungen s. § 28 Anm. 3.

III. Sonstige Schätzungen.

§ 30.

Soweit die Schätzung von Grundstücken zu anderen Zwecken als zur Feststellung der Sicherheit von Hypotheken, Grundschulden oder Rentenschulden erforderlich wird, gelten die Schätzer als öffentlich bestellte Sachverständige zur Abgabe der darauf bezüglichen Gutachten.

Nach Art. 15a AG. GVG. in der Fassung des Art. 167 II AG. BGB. können die Amtsgerichte für bestimmte Arten von Gutachten Sachverständige öffentlich bestellen und im allgemeinen beeidigen. Da die Schätzer bei den sonstigen Schätzungen gemäß § 30 SchA. als öffentlich bestellte Sachverständige im Sinne des Art. 15a AG. GVG. gelten, finden auf sie auch die Vorschriften des § 407 ZPO. und § 75 StPO. Anwendung, d. h. sie haben bei Vermeidung der in §§ 409, 402 ZPO. und § 77 StPO. vorgesehenen Kosten und Strafen der Ernennung zum Sachverständigen Folge zu leisten. Im übrigen s. Einl. IV und Bem. zu § 16 SchA.

IV. Übergangsbestimmungen.

§ 31.

I Diese Anweisung tritt am 1. Oktober 1909 in Kraft. Die entgegenstehenden Vorschriften werden aufgehoben.[1]

II Die nach den Vorschriften der Instruktion für die Schätzungen und Schätzmänner in Hypothekensachen aufgestellten und beeidigten ordentlichen Schätzmänner gelten vom bezeichneten Tage an als ständige Schätzer im Sinne dieser Anweisung. Es ist ihnen eine Bestallung und der Auszug der Anweisung auszuhändigen; hierbei sind sie ausdrücklich darauf aufmerksam zu machen, daß für ihre Berufspflichten als Schätzer nunmehr die Vorschriften der Anweisung maßgebend sind.[2]

1. Aufgehoben wird die Instruktion für die Schätzungen und Schätzmänner in Hypothekensachen vom 13. März 1823.

(Bestehen bleiben jedoch die Königliche Allerhöchste Verordnung vom 5. Mai 1905, betr. die Anlegung von Gemeinde- und Stiftungsgeldern [GVBl. 1905 S. 461] und die Bekanntmachungen der K. Staatsministerien des Innern beider Abteilungen, dann der Finanzen vom 13. und 17. Mai 1905, die Anlegung von Gemeinde- und Stiftungsgeldern betr., und die Anlegung von Geldern der Kultusstiftungen und Kirchengemeinden betr. [JMBl. 1905 S. 701 ff., 717 ff.]).

2. S. §§ 3 ff., § 11 Schätzerinstr., §§ 1 ff., §§ 3 und 7 SchA., Muster I und Bem. zu § 7 SchA.

§ 32.

Was in dieser Anweisung von dem Grundbuche, dem Grundbuchbeamten und den Grundbuchbezirken bestimmt ist, findet in den Bezirken, in denen das Grundbuch noch nicht als angelegt anzusehen ist, auf das Hypothekenbuch, den Hypothekenbeamten und die Hypothekenbuchbezirke entsprechende Anwendung.[1]

München, den 14. Juli 1909.

J. V.
Der K. Staatsrat

v. Brettreich. **Dr. v. Henle.**

1. Das Grundbuch ist seit 1. Oktober 1910 im ganzen Königreich Bayern als angelegt anzusehen (für die letzten Bezirke s. Bekanntmachung vom 25. Juli 1910, JMBl. 1910 S. 677, s. a. BayZfR. 1910, S. 318 ff.).

Muster I.

K. Amtsgericht Waslingen.

Bestallung.*)

Der Landwirt Michael Berger in Asbach Hs.-Nr. 10

ist zum ständigen **Schätzer**

für den Schätzerbezirk Asbach und Forstbezirk Asbach ernannt und am 12. Januar 1910 vorschriftsmäßig beeidigt worden.

Waslingen, den 12. Januar 1910.

K. Amtsgericht.

Siegel.

Altinger.

*) Mit der Zurücknahme der Ernennung zum Schätzer ist diese Bestallung an das Amtsgericht zurückzugeben.

S. Bem. zu § 7 SchA.

(Schätzerlisten.) **Muster II.**

Schätzerbezirk: Asbach und Forstbezirk Asbach.

Fortl. Nr.	Schätzer	Tag der Beeidigung	Bemerkungen
1	~~Huber Karl, Bauer in Asbach Hs.-Nr. 12.~~	1. XII. 89; Prot.-Nr. 5	gestorben
2	Schmid Anton, Müller in Asbach, Hs.-Nr. 27.	4. VI. 90; Prot.-Nr. 6	
3	Schulz Oskar, Maurermeister in Asbach, Hs.-Nr. 31.	18. II. 95; Prot.-Nr. 9	
4	Berger Michael, Landwirt in Asbach, Hs.-Nr. 10.	12. I. 10; Prot.-Nr. 28	

S. Bemerkungen zu § 11 SchA.

Muster III.

Waslingen, den 4. Februar 1910.

Ladung.

Sie sollen mit dem Müller Anton Schmid in Asbach Hs.-Nr. 27 zum Zwecke der Feststellung des Wertes des Grundbesitzes des Landwirts Johann Dorfner in Asbach Hs.-Nr. 45 als Schätzer vernommen werden und werden deshalb auf

Donnerstag den 17. Februar 1910
vormittags 8 Uhr

vor das unterfertigte Amtsgericht (Notariat) mit der Aufforderung geladen, zu dem Termine **Ihre Bestallung mitzubringen.**

Ein Schätzer, welcher im Vernehmungstermin unentschuldigt ausbleibt oder die Erstattung des Gutachtens ohne Grund verweigert, ist zum Ersatze der Kosten und zu einer Geldstrafe bis zu 300 *M* zu verurteilen.

Wenn Ihnen der zu schätzende Grundbesitz nicht ohnehin genau bekannt ist, haben Sie diesen mit dem andern Schätzer vor dem Vernehmungstermin zu besichtigen und dem Eigentümer Gelegenheit zu geben, der Besichtigung anzuwohnen.

Der zu schätzende Grundbesitz ist auf der Rückseite dieser Ladung — (oder) in dem Grundsteuerkatasterauszug, welcher anliegt — (oder) welcher dem andern Schätzer hinausgegeben wurde, beschrieben.

K. Amtsgericht (Notariat)
Altinger.

An
den Landwirt
Herrn Michael Berger
in Asbach Hs.-Nr. 10.

S. Bem. zu § 15 SchA.

K. Amtsgericht Waslingen
(Grundbuchamt)

Waslingen, den .... 191...

Protokoll.

Gegenwärtig:

........Amtsrichter...............

....

Betreff:

Antrag auf amtliche Feststellung des Wertes des Grundstücks

Pl.-Nr.......... Hs.-Nr........

Es erscheint.......................................

....

dem Grundbuchbeamten persönlich .... bekannt.

D.... Erschienene erklärt:

Ich beantrage die amtliche Feststellung des Wertes ....

....

....

....

zum Zwecke — der Aufnahme eines grundbücherlich zu sichernden Darlehens —

Bezüglich der genauen Bezeichnung de... zu schätzenden — Anwesens — Grundstücke verweise ich

— auf d.... hiemit übergebenen, dem neuesten Stande entsprechenden Auszug........ aus de.... Grundsteuerkataster für die Steuergemeinde —

— auf d.... Grundbuchblatt .... im Grundbuche für vorgetragen.

Ferner lege ich vor: ein Zeugnis über die Belastung mit Bodenzinsen — und — die Aufnahmsurkunde — den Auszug aus dem Grundbuche — der Versicherungskammer, Abteilung für Brandversicherung.

Das Anwesen ist ....vermietet — verpachtet —

De.... Erschienenen wird eröffnet, daß der Termin zur Vernehmung der Schätzer — bestimmt wird auf

— ih..... noch bekannt gegeben wird — und daß es ih.... freisteht, dem Termin anzuwohnen oder sich im Termin durch einen Bevollmächtigten vertreten zu lassen.

De.... Erschienenen vorgelesen, von ih.... genehmigt und eigenhändig unterschrieben.

K. Amtsgericht (Grundbuchamt).

K. Amtsgericht Waslingen
(Grundbuchamt)

Nr. ....
Waslingen, den .... 191...

Protokoll.

Gegenwärtig:

.........Amtsrichter ....
....

Auf Ladung findet sich ein:

....
....
....

dem Richter persönlich ....bekannt.

Betreff:
Aufstellung als Schätzer.

Der Erschienene soll als ständiger Schätzer für den Schätzerbezirk .... ernannt werden. Er wurde über die Berufspflicht eines Schätzers eingehend belehrt. Ferner wurde er darauf aufmerksam gemacht, daß der Schätzer bei Schätzungen, die mit Rücksicht auf die Sicherheit von Hypotheken, Grundschulden oder Rentenschulden beantragt werden, nach Maßgabe des Art. 88 des Ausführungsgesetzes zum Bürgerlichen Gesetzbuche verpflichtet ist, den aus einer vorsätzlichen oder fahrlässigen Verletzung der Berufspflicht für einen Hypothekengläubiger, Grundschuldgläubiger oder Rentenschuldgläubiger entstehenden Schaden dem Gläubiger zu ersetzen.

Der Erschienene erklärt sich nach Feststellung, daß Hindernisse gemäß § 4 der Anweisung nicht bestehen, zur Übernahme der Obliegenheiten eines ständigen Schätzers bereit, worauf ihm eröffnet wurde, daß er hiemit zum ständigen Schätzer für den eingangs bezeichneten Schätzerbezirk ernannt sei.

Der Gemeindeverwaltung
Dem Stadtmagistrate

....

wurde von der Ernennung und Beeidigung des ständigen Schätzers Mitteilung gemacht am .... unter Hinweis auf § 10 der Anweisung.

(Rückseite.)

Er hat hierauf den folgenden Eid in gesetzlicher Form geleistet:

„Ich schwöre bei Gott dem Allmächtigen und Allwissenden, daß ich die mir als Schätzer obliegenden Pflichten getreu erfüllen und die mir aufgetragenen Schätzungen ohne Rücksicht auf die Person unparteiisch nach bestem Wissen und Gewissen ausführen werde, so wahr mir Gott helfe."

Wegen der nichtamtlichen Schätzungen wurde der Schätzer nach Maßgabe des § 29 der Anweisung vom 14. Juli 1909 für die amtliche Feststellung des Wertes von Grundstücken belehrt. Auch wurde er angewiesen, jede Wohnsitzveränderung dem Amtsgericht anzuzeigen.

Als Ausweis über seine Ernennung und Beeidigung wurde ihm eine Bestallung und zugleich ein Auszug aus der Anweisung für die amtliche Feststellung des Wertes von Grundstücken ausgehändigt.

Sodann wurde ihm dieses Protokoll vorgelesen, von ihm genehmigt und eigenhändig unterschrieben.

K. Amtsgericht (Grundbuchamt).

K. Amtsgericht Waslingen
(Grundbuchamt)

Waslingen den, ... 191...

Betreff:

Die amtliche Feststellung des Wertes von Grundstücken.

Ladung.

Auf den Antrag vom .... auf amtliche Feststellung des Wertes Ihre.... — Anwesens Hs.-Nr. .... in ....

ist Termin zur Vernehmung der Schätzer auf:

....den.......... ....

..............mittags .... Uhr

im Amtszimmer Nr. .... im Amtsgerichtsgebäude hier anberaumt.

Das wird Ihnen eröffnet mit dem Bemerken, daß es Ihnen freisteht, dem Termin anzuwohnen oder sich im Termin durch einen Bevollmächtigten vertreten zu lassen. Die Vollmacht bedarf keiner besonderen Form.

K. Amtsgericht (Grundbuchamt).

K. Amtsgericht Waslingen
(Grundbuchamt)

Waslingen, den .... 191..

Protokoll.

Gegenwärtig:

.........Amtsrichter...............

....

Betreff:

Schätzung des Anwesens Hs.-Nr. ....

....

Pl.-Nr. ....

Zufolge des von ....

....

.... am .... gestellten

Antrags auf amtliche Feststellung des Wertes

....

....

....

ist zu mündlichen Vernehmung der Schätzer Termin anberaumt auf heute — im Grundbuchamte des Amtsgerichts hier —

Zu dem Termin haben sich eingefunden:

....

....

.... als ständiger Schätzer für den Schätzerbezirk .... ernannt und am .... beeidigt,

....

.... als ständiger Schätzer für den Schätzerbezirk .... ernannt und am .... beeidigt.

Die Schätzer sind dem Grundbuchbeamten persönlich .... bekannt. — Ihre Persönlichkeit wird festgestellt durch Vorweis ihrer Bestallungen —

D......... Eigentümer.....
— dem Grundbuchbeamten persönlich ....bekannt — wohnt der Vernehmung an — hat sich zum Termin nicht eingefunden —

Gründe der in § 14 Abs. 1 der Anweisung für das Schätzungsverfahren vom 14. Juli 1909 bezeichneten Art, die der Beiziehung der vorbezeichneten Schätzer in gegenwärtiger Sache entgegenstehen, sind nicht bekannt.

Vor der Vernehmung wurden die Schätzer an ihren Eid erinnert und auf ihre Verpflichtung zum Ersatze des aus einer etwaigen vorsätzlichen oder fahrlässigen Verletzung ihrer Berufspflicht entstehenden Schadens hingewiesen.

Sodann wurde der Verkaufswert de.... zu schätzenden

....

unter Mitwirkung des Grundbuchbeamten und unter Berücksichtigung der §§ 17—21 der obenbezeichneten Anweisung ermittelt und hiebei festgestellt nach § 24 der Anweisung:

Sachregister.

Die Zahlen bedeuten die Seiten.